KABUKI

歌舞伎 はじめて案内手帖

君野倫子 著
松本幸四郎 監修

二見書房

ちょっとした…。

読者の皆様、こんにちは。松本幸四郎です。

このたび、君野倫子さんが、またまた、歌舞伎への楽しい道のりを教えてくださる本を出版されることになりました。私も微力ながらお手伝いをさせていただきました。

歌舞伎と一言でいっても、いろんなイメージを抱かれるとも思います。

「伝統芸能」「白塗り」「女方《おんながた》」「隈取《くまどり》」などなど。観たことのある方も観たことのない方も、なにかしらのイメージを持っているのではないでしょうか。

私は曽祖父の代からの歌舞伎役者の家に生まれました。自分のそばに歌舞伎がありました。しかし、歌舞伎役者を継がねばならない使命感や義務感、責任感が生まれる前に、歌舞伎の登場人物にかっこよさを感じ、歌舞伎の音楽にワクワクし、歌舞伎の仕掛けに驚き、歌舞伎の世界に6歳で飛びこみました。

２０１９年が初舞台からちょうど40年。長い年月が経ちましたが、初めに持った歌舞伎の魅力に引きこまれ続けています。

歌舞伎は400年以上の歴史ある伝統芸能ですが、時代に応じて変化を遂げ、演劇として生き続けています。

お客様をどうやって異次元の世界に誘うことができるのか。観劇する作品のストーリー、演出はもちろんのこと、休憩時間にも楽しめるお土産屋さん、着物を着ての歌舞伎見物、歌舞伎通から外国人まで幅広くいる他の演劇にはない観客層の広さ。あらゆる角度で楽しんでいただく世界です。

しかし、その懐の広さにはちょっとしたナビが必要なのかもしれません。この君野さんの本は、そのちょっとしたナビを教えてくれます。自分に合った歌舞伎の楽しみ方を見つけることができると思います。是非ともこのちょっとしたナビで、歌舞伎見物というイベントを計画してみてはいかがでしょうか。

是非是非、お勧めします。

松本幸四郎

あっ、ちなみに〝ちょっとした〟の意味は、〝心地よく優しい〟です。

〝ちょっとしたナビ〟、つまり〝心地よく優しい誘い〟の始まりです。

お楽しみください。

はじめに

日本には、茶道、華道、書道、香道、武道など、日本の心を学ぶ「道」がたくさんあります。道を学ぶうちに、日本人の心のあり方、感性を身体に染みこませていくのだと思います。

歌舞伎は娯楽、エンターテイメントですが、同時に、日本の美意識や感性を育むことができる「道」のひとつでもあると私は思います。衣裳、舞台、色彩、音楽、江戸の風俗や歴史が盛りこまれた物語、季節感、セリフにみる言葉の表現、価値観などさまざまな要素が詰まっていて、観ているうちに日本人としての芯のようなものをつかんでいくことができます。そして日本人として、社会人としての教養が身についていくのです。

私は海外に拠点を移して10年になります。海外にいると、日本の文化、価値観、風習などがとても独特だと気づかされます。その文化を外国の方に説明しようと思うとき、語学力以前に大切なのは「自分のなかにきちんとあるか」だと感じます。

たとえば「粋《いき》」という感覚は、日本語でも説明するのは難しいものです。現代の日常のなかで「粋」だと感じる場面にどれほど遭遇するでしょう。ところが、歌舞伎を観ていると、「これが粋というものか！」とストンと落ちる経験がたびたびできるのです。忘れかけていたものを見つける小さな喜びを積み重ねることができるのです。

歌舞伎というと、少し敷居は高いけれど、現代劇のお芝居やコンサートなどと同じと思われる方も多いでしょう。が、しかしです。これが大きく違うのです。ほかの演劇との違いはたくさんありますが、なかでも一番の違いは「歌舞伎は行く前から始まっていて、芝居だけではなく、劇場で過ごす時間すべてがエンターテイメント」ということ。まるで小旅行のようなのです。

旅行に行くとき、何を着て行こうか、何時に家を出て友達とどこで待ち合わせようか、まずお昼は何を食べましょう、あそこのおいしいスイーツも欠かせないね、お土産は何にしよう……そんな計画を立てますよね。この、旅に出る前のワクワク感、小旅行の楽しさを、半日にぎゅっと凝縮した感じが歌舞伎見物なのです。

劇場にいる間の非日常感。歌舞伎が終わって劇場を出るとき、竜宮城を出るときのような(行ったことはありませんが)、すべてが夢だったような幸福感に包まれる不思議な感覚がします。現実に戻る寂しさを感じつつ、家にたどり着くまでほんわか余韻に浸り、明日からまたがんばろう、そう思えるのは、まるで旅行の帰り道のようなのです。

何度も観たからといって、「歌舞伎がわかった」といえる日は来ないかもしれません。役者さんが「死ぬまで現役、勉強」というのと同じ、観る側にも終わりはなく、観るたびに新しい発見、感動があるのが歌舞伎の楽しさです。

感性や美意識は時間をかけて育まれるもの。絵画や音楽などと同じように、大人のたしなみのひとつとして、ひとりでも多くの方に歌舞伎に触れてほしいと願っています。

君野倫子

1章 はじめての歌舞伎に行こう

2章 歌舞伎座を楽しみつくそう

3章 歌舞伎の劇場を旅してまわろう

4章 着物で歌舞伎に行ってみよう

5章 歌舞伎の行事を楽しもう

6章 歌舞伎のお約束を知ろう

（歌舞伎の絵てぬぐいはすべて「麻の葉」）

1

はじめての歌舞伎に行こう

歌舞伎はどこで観られるの？

歌舞伎は、おなじみ東京・銀座にある歌舞伎座で観られることはよく知られています。でも歌舞伎座が、なんと年間３００日近く、ほぼ毎月25日間、昼夜で月に50公演も上演している歌舞伎の専門劇場であることは、知らない方が多いのではないでしょうか。

そして、歌舞伎座のほかにも、歌舞伎を観られる劇場は全国各地にあります。

歌舞伎は、特別なときにしか観られない特別なものではありません。じつは、その気になればいつでも観に行けるほど、年間通してあちこちで上演されているのです。

歌舞伎が観られる 全国の主な劇場・芝居小屋

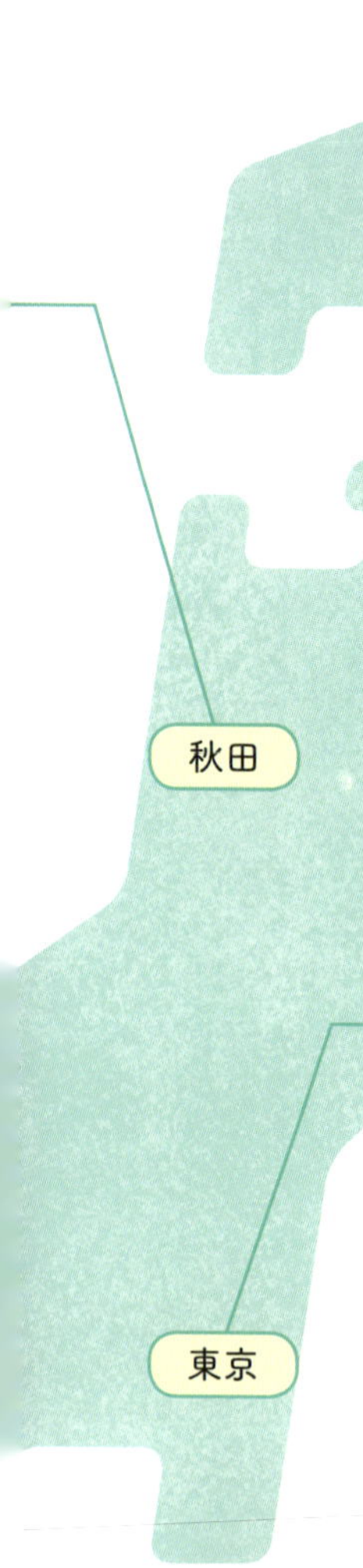

歌舞伎座
東京都中央区
銀座4-12-15
▶2章

新橋演舞場
東京都中央区
銀座6-18-2
▶p48

国立劇場
東京都千代田区
隼町4-1
▶p50

浅草公会堂
東京都台東区
浅草1-38-6
▶p70

御園座《みそのざ》
愛知県名古屋市
中区栄 1-6-14
▶p62

大阪松竹座

大阪府大阪市中央区
道頓堀1-9-19

▶ p58

康楽館《こうらくかん》

秋田県鹿角郡
小坂町小坂鉱山
字松ノ下2番地

▶ p72

南座

京都府京都市東山区
四条大橋東詰

▶ p54

博多座

福岡県福岡市博多区
下川端町2-1

▶ p66

出石永楽館《いずしえいらくかん》

兵庫県豊岡市
出石町柳17-2

▶ p73

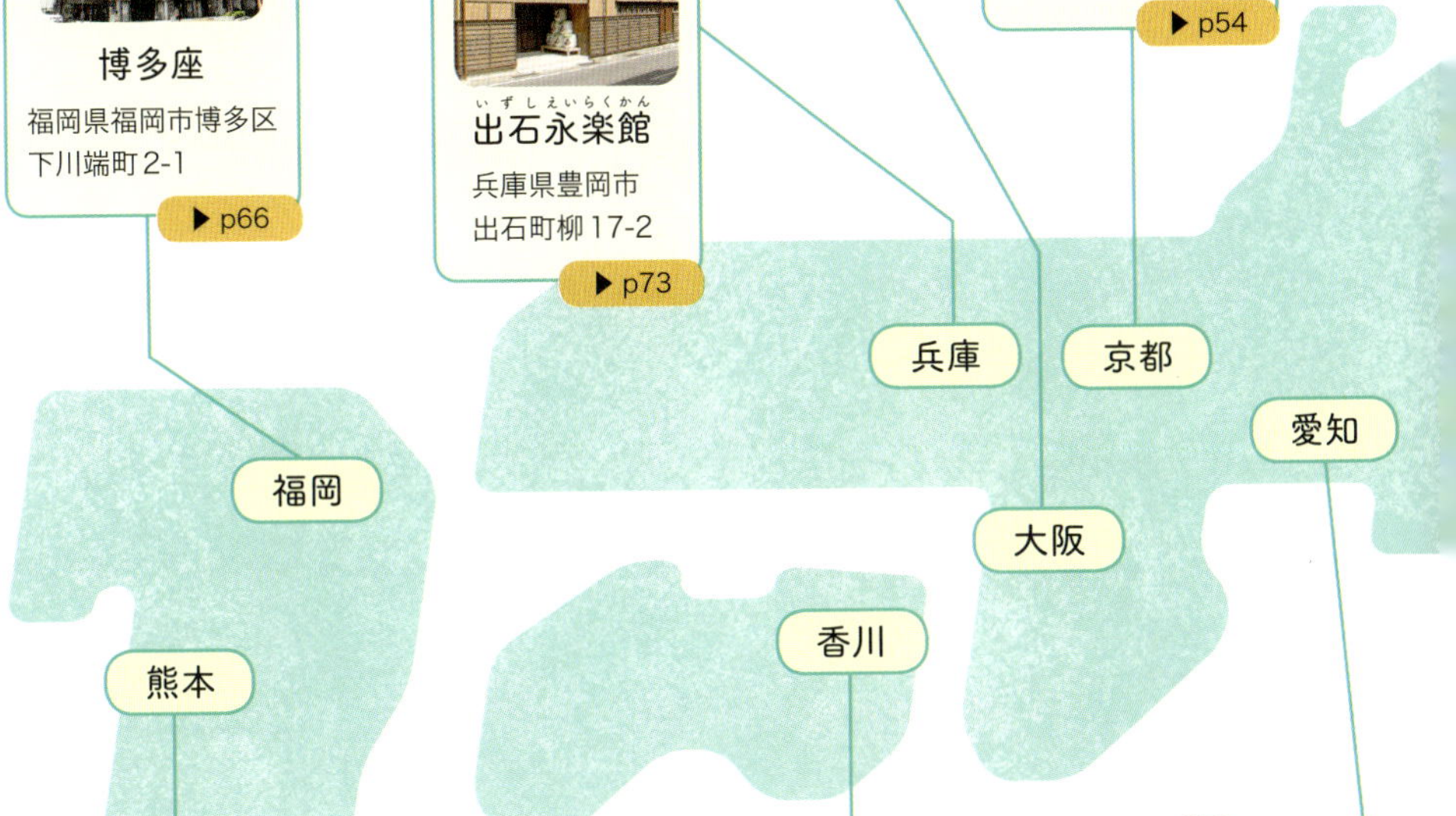

八千代座《やちよざ》

熊本県山鹿市
山鹿1499番地

▶ p74

旧金比羅大芝居《きゅうこんぴらおおしばい》（金丸座《かなまるざ》）

香川県仲多度郡琴平町乙1241

▶ p71

歌舞伎を観られる全国の主な劇場で、毎年、だいたいどの時期に上演がなされているか、表にまとめてみました。

※毎年上演している劇場を掲載しています。
※毎年この通りに行われるわけではありません。あくまでも目安として参考にしてください。
※このほか、不定期の公演や全国巡業も行われています。

	6月	7月	8月	9月	10月	11月	12月
		①					
	⑦	⑧	⑨	⑩	⑪	⑫	⑬
	⑯	⑰			⑱	⑲	⑳
					㉔		
							㉖
		㉘			㉙		
						㉚	
	㉝						
						㉞	

東京・浅草公会堂

㉒ 新春浅草歌舞伎

愛知・御園座

㉓ 陽春花形歌舞伎

㉔ 吉例顔見世

京都・南座

㉕ 三月花形歌舞伎

㉖ 吉例顔見世興行

大阪・大阪松竹座

㉗ 壽初春大歌舞伎

㉘ 七月大歌舞伎

㉙ 十月花形歌舞伎

兵庫・出石永楽館

㉚ 永楽館歌舞伎

香川・旧金比羅大芝居（金丸座）

㉛ 四国こんぴら歌舞伎大芝居

福岡・博多座

㉜ 二月花形歌舞伎

㉝ 六月博多座大歌舞伎

熊本・八千代座

㉞ 坂東玉三郎公演

歌舞伎はいつ観られるの？

	劇場	1月	2月	3月	4月	5月
秋田	康楽館					
東京	歌舞伎座	2	3	4	5	6
	国立劇場	14		15		
	新橋演舞場	21				
	浅草公会堂	22				
愛知	御園座				23	
京都	南座			25		
大阪	大阪松竹座	27				
兵庫	出石永楽館					
香川	旧金毘羅大芝居（金丸座）				31	
福岡	博多座		32			
熊本	八千代座					

秋田・康楽館

1 康楽館歌舞伎大芝居

東京・歌舞伎座

2 壽《ことぶき》初春大歌舞伎
3 二月大歌舞伎
4 三月大歌舞伎
5 四月大歌舞伎
6 團菊祭《だんきくさい》五月大歌舞伎
7 六月大歌舞伎
8 七月大歌舞伎
9 八月納涼歌舞伎
10 秀山祭《しゅうざんさい》九月大歌舞伎
11 芸術祭十月大歌舞伎
12 吉例《きちれい》顔見世《かおみせ》大歌舞伎
13 十二月大歌舞伎

東京・国立劇場

14 初春歌舞伎公演
15 3月歌舞伎公演
16 6月歌舞伎鑑賞教室
17 7月歌舞伎鑑賞教室
18 10月歌舞伎公演
19 11月歌舞伎公演
20 12月歌舞伎公演

東京・新橋演舞場

21 初春歌舞伎公演

歌舞伎のチラシを見てみよう

歌舞伎の公演は、昼と夜で別々の演目を上演する「二部制」が一般的です。「歌舞伎を観たい！」と思ったら、歌舞伎公式サイト「歌舞伎美人《かぶきびと》」や各劇場のホームページなどで、上演中や上演予定のチラシをチェック。

まずはチラシの読み方のポイントを押さえて、チラシからわかる情報を読み解きましょう。

「二部制」のチラシ

「昼の部」「夜の部」の２回公演。それぞれ「見取り」（p.98参照）で、違う演目が上演されています。

「三部制」のチラシ

主に歌舞伎座の夏の納涼歌舞伎が多いですが、「一部」「二部」「三部」と分かれ、上演時間も少し短くなるため、初めての方にも観やすいと思います。

二部制・昼の部が「見取り」、夜の部が「通し」のチラシ

Ⓐ公演名。「大歌舞伎」とは、大一座での公演のこと。公演の種類によって、ここに「新春」「顔見世」といった言葉がついたり、「花形歌舞伎」「納涼歌舞伎」というタイトルになります。また「襲名披露」「追善（ついぜん）」というタイトルが加わることもあります。

Ⓑ上演期間。通常25日間。最終日を「千穐楽」（せんしゅうらく）と書くのは、火事が多かった江戸時代、「火」の字が入った「秋」を避けて、秋の異体字の「穐」を使ったのだそう。

Ⓒチケットの発売日

Ⓓ席種とチケット料金

Ⓔ昼の部、夜の部それぞれの開演時間

Ⓕ演目のタイトル

Ⓖ夜の部は、1つの演目を通して上演（「通し」p.98参照）されています。

Ⓗ演目名の下に「○○連中」とある場合は舞踊劇、「○幕」「○幕○場」などと書いてある演目は芝居。

Ⓘ出演する役者さんの扮装写真

Ⓙ出演する役者さんの素顔写真

Ⓚ配役。役名と出演する役者さんの名前が記されています。

席種を選んでチケットを取ろう

観たい公演が決まったら、席種（座席の種類）を選んでチケットを取りましょう。たとえば、歌舞伎座の場合、席種には、1階栈敷《さじき》席、1等席、2等席、3階A席、3階B席、一幕見《ひとまくみ》席（4階）があります。席種によって見え方が違い、当然ながらお値段も違います。

歌舞伎の公演には「花道」と呼ばれる客席に延びた廊下のような舞台もあるので、花道が見えるか見えないかも大きな違いとなります。

そしてチケット。意外と「どうやって取るの?」と聞かれることが多く、最初のハードルのようです。いろいろな方法があるので、使いやすい方法で取ってみてください。

まず公演情報を収集しよう

ほとんどの歌舞伎公演の情報は、歌舞伎公式サイト「歌舞伎美人《びと》」で得られます。また劇場設置の公演チラシ、各劇場のホームページ、ポスターなどでもチェックできます。
「歌舞伎美人」 https://www.kabuki-bito.jp/

国立劇場の公演情報は、国立劇場のホームページに掲載されています。
国立劇場 https://www.ntj.jac.go.jp/kokuritsu.html

チケットを取ろう

松竹直営の劇場（歌舞伎座、新橋演舞場、南座、大阪松竹座）、松竹主催の公演（浅草公会堂、日生劇場、三越劇場など）のチケットは、以下の方法で取ることができます。
国立劇場のチケットは、「国立劇場チケットセンター」 https://ticket.ntj.jac.go.jp/
その他の劇場は各劇場のホームページをご覧ください。

インターネット（パソコン スマートフォン）	チケットWeb松竹 http://www1.ticket-web-shochiku.com/t/ 「チケットWeb松竹」を利用するには、ユーザー登録が必要です。「松竹歌舞伎会」に入会すると、一般発売より先に先行予約できる特典があります。
電話	チケットホン松竹 東京 ☎03-6745-0888／大阪 ☎06-6530-0333
劇場窓口	各劇場の切符売場でも購入できます。残席があれば、当日でも購入可能です。一幕見席は当日販売になります。
ファンクラブ	役者さんのファンクラブ・後援会に入ると、一般発売よりも早くチケットを購入できます。

＜歌舞伎座の座席＞

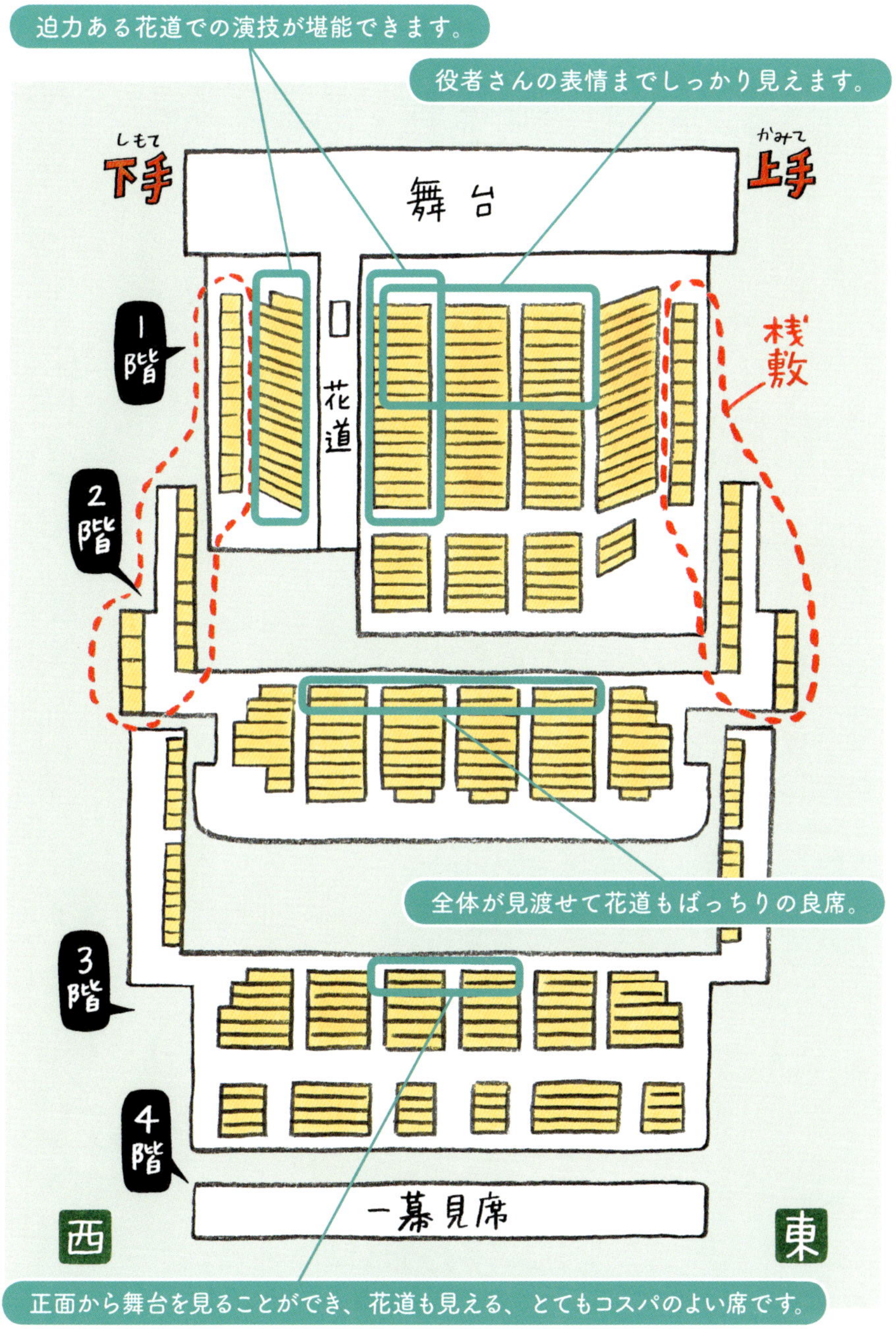
迫力ある花道での演技が堪能できます。
役者さんの表情までしっかり見えます。
下手《しもて》
舞台
上手《かみて》
1階
花道
桟敷
2階
全体が見渡せて花道もばっちりの良席。
3階
4階
一幕見席
西
東
正面から舞台を見ることができ、花道も見える、とてもコスパのよい席です。

一《ひと》幕《まく》見《み》席とシネマ歌舞伎

歌舞伎の公演は、昼、夜それぞれ3演目4時間という長丁場が一般的です。「いきなり歌舞伎を観に行くのはハードルが高い」という方には、そのなかの1演目だけ観ることができる「一幕見席」、「それもちょっと……」という方には歌舞伎の舞台を映像化した「シネマ歌舞伎」がおすすめです。

一幕見席

複数の演目のうち1演目のみを観ることができる一幕見席は、「とりあえず歌舞伎というものを観てみよう」という初心者や外国の方はもちろん、「好きな演目を何度も観たい」というベテランの方にも人気です。

歌舞伎座の場合、一幕見席は4階にあり、椅子席約90、立見席約60の計約150席です。金額も500〜2000円くらい。歌舞伎座ならではのお土産売場などがある1階から3階までには入れませんが、歌舞伎の雰囲気は十分味わうことができます。

その他の劇場では、座席の一部を一幕見席としているところもあります。

4階の一幕見席からの舞台の見え方はこんな感じ。

歌舞伎座の一幕見席のチケット売場は正面玄関の左側にあり、当日ここに並んでチケットを買います（現金のみ）。チケットには入場番号が書いてあり、番号を呼ばれたら、一幕見席入口から入って専用エレベーターで4階へ上がります。チケットの販売時間や値段は公演初日の前日に、歌舞伎公式サイト「歌舞伎美人」で公開されます。

シネマ歌舞伎

ＨＤ高性能カメラで撮影しているので、歌舞伎の美しさや臨場感を失うことなく、歌舞伎の舞台を映画館で楽しめるのがシネマ歌舞伎。劇場ではなかなか見えない役者さんの細かな表情を観ることができます。

２００５年の第１作『野田版 鼠小《ねずみこ》僧《ぞう》』以来、これまでに30以上の作品が公開されています。

料金は当日一般２１００円、学生・小人１５００円。全国の映画館で順次上映されているので、お近くの映画館、好きな作品などをホームページでチェックしてみてください。

https://www.shochiku.co.jp/cinemakabuki/

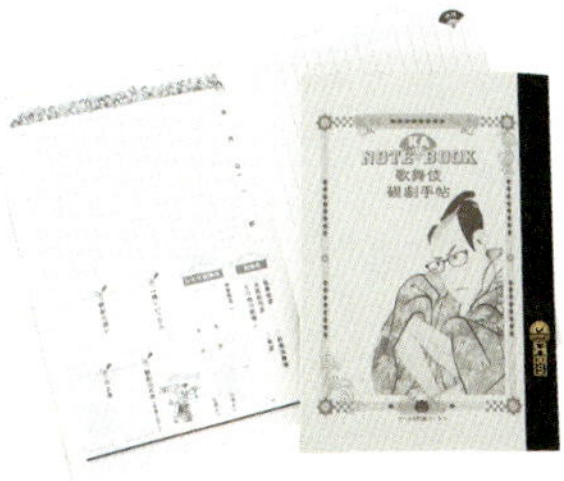

観た演目の情報や感想を書きこんだり、チケットの半券を保存できる、シネマ歌舞伎特製『歌舞伎観劇手帖』。

坂東玉三郎が豪華絢爛（けんらん）な傾城（けいせい＝最高級の遊女）を演じた『阿古屋（あこや）』。舞台裏の映像を観られるのもシネマ歌舞伎の魅力。

豪快に毛を振る人気演目のひとつ『連獅子（れんじし）』のシネマ歌舞伎。出演は故中村勘三郎、勘九郎、七之助親子で、監督はあの山田洋次。

楽しむためのサービスいろいろ

イヤホンガイド

五感をフル活動させて感性で観るのも悪くはないのですが、私は初めての方にはイヤホンガイドをおすすめしています。

最初の頃は、白塗りの役者さんは皆、同じに見えてしまいますし、話の途中から始まって話の途中で終わる演目も多いので、ついていけないまま終わってしまうということもあります。

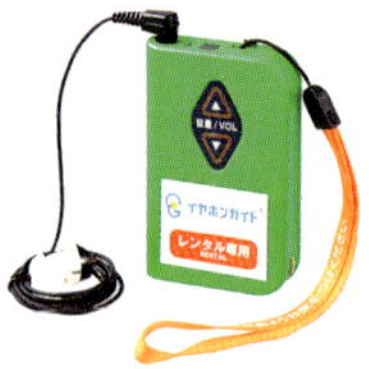

イヤホンガイドを借りると、幕が開く前から、上演中は舞台の進行に合わせて、物語の背景や歴史、役者さんの紹介、役柄の説明、演目の約束事、言葉や習慣の解説、唄や語りの言葉の解説、衣裳、小道具、大道具などの紹介など、お芝居を邪魔することなく絶妙なタイミングで解説してくれます。

字幕ガイド

歌舞伎座では、セリフや義太夫《ぎだゆう》の詞章、長唄の歌詞を味わいたい方のために、ポータブルモニターによる字幕ガイドを借りることができます。

現在、日本語の台

◉イヤホンガイド

利用方法：当日、劇場の外、または劇場内の「イヤホンガイド貸出所」で借ります。終演後、貸出所または係員に返却します。　料金：1700円（700円＋保証金1000円・返却時に保証金1000円は戻ります）。また、イヤホンガイド専用プリペイドカード「くまどりんカード」は、15台分9000円（10台分6000円もあり）で1台あたり600円になるうえ、保証金がいらないので、リピーターになる可能性があるならカード登録がおすすめです。ポイントやプレゼントなど会員特典もあります。　実施劇場：イヤホンガイドのホームページ（https://www.eg-gm.jp/e_guide/）で確認できます。劇場によって英語もあります。

本チャンネル、英語チャンネルがあります。外国人の方にもぜひ利用して楽しんでいただきたいです。

筋書《すじがき》

「筋書（関西では「番附《ばんづけ》」）」の購入もおすすめです。筋書とは、いわゆる演劇のパンフレット。それぞれの演目についてのあらすじと解説、役名と出演者、インタビューや読み物、出演者の写真入りプロフィールなどが載っています。

イヤホンガイドで聞き逃したことをあとで確認できますし、役者さんの顔を覚えていくのにも役立ちます。

千穐楽《せんしゅうらく》近くになると、巻頭ページが舞台写真入りとなる場合もあり、それも楽しみの一つです。

託児サービス

歌舞伎を観るのに年齢制限はないので、小さい子でも一緒に観ることはできます。でも、なかなか難しいと感じる方も多いですよね。

そんな方のために、子どもを預かってくれる託児サービスを利用することができます。歌舞伎座、新橋演舞場なら、近くの「キッズスペース・マザーズ」で。国立劇場なら劇場内の託児室で。たまには歌舞伎の非日常な世界を堪能してリフレッシュしましょう。

◉託児サービス

利用方法：対象年齢0～12歳。株式会社マザーズに電話をして事前予約が必要。0120-788-222（平日 10:00～12:00　13:00～17:00）
※実施公演、実施日は限られるので注意が必要
料金：歌舞伎座、新橋演舞場：子ども1人あたり3000円。国立劇場：0～1歳2000円、2～12歳1000円。実施劇場：歌舞伎座、国立劇場、新橋演舞場

◉字幕ガイド

利用方法：現在、歌舞伎座のみで利用可。歌舞伎座1F、字幕ガイドカウンターで貸出。終演後、貸出所または係員に返却します。料金：通常公演1000円、幕見専用500円＋保証金1000円（返却時に保証金1000円は戻ります）

観劇のマナーとエチケット

ほかのお芝居と歌舞伎は何が違うの？　最初の頃はちょっと緊張しますね。とりあえず、最低限のマナーとエチケットだけは押さえておきましょう。あとは存分に楽しんでください！

原則として、子供の観劇もＯＫですが、ぐずったり、咳が止まらなくなったりしたら、静かにロビーに出ましょう。

舞台の写真撮影・録画は禁止です。

音に気をつけましょう。

携帯電話は切りましょう。

帽子は取り、頭の上でのお団子、盛り髪はやめましょう。

客席への出入りは幕間《まくあい》（休憩時間）のみにしましょう。

花道を歩いたり、またいだりしてはいけません。

前に乗り出して観るのはNGです。

歌舞伎では掛け声のタイミングがとても重要です。タイミングが悪い掛け声で、お芝居が台無しになってしまうことも……。掛け声は基本的に3階の「大向《おおむこ》う」さんが掛けます。

幕間は座席での飲食は基本的にOKですが、音を立てないようレジ袋は避けましょう。

基本的に、歌舞伎にはカーテンコールがありません。終演後はすみやかに退場しましょう。

さあ、歌舞伎に行こう！

さあ、いよいよ歌舞伎デビュー！……のまえに、いくつか準備のポイントがあります。

洋服？着物？何を着て行く？

「着物で歌舞伎に行ってみたい」という方は多いのですが、でも何を着ていいのかわからなくて敷居が高いと悩む方も少なくありません。

たとえば歌舞伎座に、公式なドレスコードはあるのでしょうか？ 実はありません。洋服であれば、基本的にカジュアルレストランに行く感覚の装いでよくて、ジーンズでもOKとなっています。

とはいえ、歌舞伎役者さんのなかには「せっかくだからとびきりお洒落して来てほしい」という方もいます。もちろん「歌舞伎は庶民の娯楽だから気にしなくていいよ」という方も。

では、何を基準にしたらいいのでしょう？ その答えは、着物でも洋服でもいいから「マイルールを決める」ということだと思います（p.77参照）。劇場で後悔したり肩身が狭くなったりという思いをしないように、ぶれない「マイルール」を決めておきましょう。

タイムテーブルを確認してシミュレーションを

着るもの・持ち物以外に知っておいてほしいのが、公演のタイムテーブル。長時間だと思っていても、食事や買い物をする時間は限られています。

休憩時間の回数と時間をチェックして、どのタイミングで何をするかシミュレーションしておくと、時間を有効に使うことができます。

持っていきたい便利アイテム

劇場にいる時間が長く、飲食もできる歌舞伎ならではの「ぜひ持って行きたい、またはあると便利なもの」があります。

歌舞伎に持っていきたい便利な7アイテム

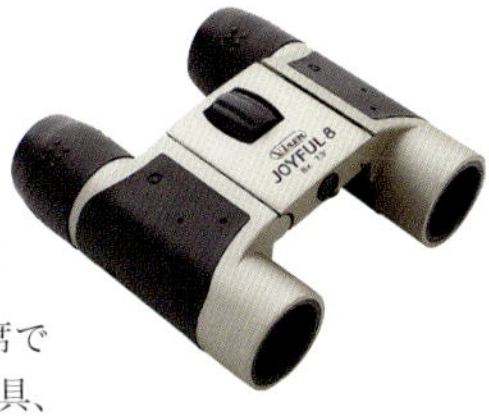

1 オペラグラス

1等席でも3階席でも、衣裳や小道具、細かいところまで見てほしい！

2 手ぬぐい2枚

手を拭く、席でお弁当を食べたり、甘いものをほおばったりするときのナプキン代わりに、ちょっと寒いときには首に巻いたりと、2枚あると便利です。

3 飲み物

劇場内でも販売していますが、飲み物持参がおすすめです。

4 扇子

着物で行くときは意外に暑く感じることもあるので、扇子があると便利。使うときは下のほうであおぎましょう。

5 キャンディやガム

上演中に咳が出たり、眠気が襲ってきたりしたときに。

6 スカーフ

冷房が寒く感じるときに1枚あると便利です。

7 サブバッグ

お土産や筋書（すじがき）など、何かと荷物が増えること必至なので、たためるサブバッグを。

タイムテーブルの例

※2019年3月、歌舞伎座「三月大歌舞伎」より

昼の部	女鳴神《おんななるかみ》	11:00 － 12:03
		幕間　30分
	傀儡師《かいらいし》	12:33 － 12:57
		幕間　20分
	傾城反魂香《けいせいはんごんこう》　序幕	1:17 － 2:02
		幕間　15分
	傾城反魂香　大詰	2:17 － 3:31
夜の部	近江源氏先陣館《おうみげんじせんじんやかた》　盛綱陣屋《もりつなじんや》	4:30 － 6:13
		幕間　30分
	雷船頭《かみなりせんどう》	6:43 － 7:01
		幕間　20分
	弁天娘女男白浪《べんてんむすめめおのしらなみ》	7:21 － 8:30

事前に確認しておくこと

- □ 開場時間、開演時間、終演時間を確認
- □ 荷物はロッカーに入れるか？ ▶入れるならロッカーの場所を確認
- □ トイレはどのタイミングで行くか？ ▶席から一番近いトイレの場所を確認
- □ イヤホンガイドは借りるか？
- □ 筋書は購入するか？
- □ 食事はどうするか？
- □ 押さえておきたいお土産や甘味は？
- □ 舞台写真を買うか買わないか？

2

歌舞伎座を楽しみつくそう

歌舞伎座

初代歌舞伎座は1889（明治22）年に開場しました。外観は洋風、内部は日本風で、当時から歌舞伎座の座紋「鳳《ほう》凰《おう》丸《まる》」が使われていたそうです。1911（明治44）年に純日本風に大改築されました。

その後、大正時代に火事や関東大震災に見舞われ、1945（昭和20）年には、東京大空襲で焼失。再建され、2002（平成14）年に「登録有形文化財」に指定されました。2010（平成22）年に老朽化による改築のため3年間にわたり休場し、再開場した現在の歌舞伎座は5代目です。

こうした火事、震災、空襲などを乗り越え、現在、ほぼ毎月25日間、公演数は昼夜で月50回、年間300日近く上演する歌舞伎専門劇場として健在な歌舞伎座は、本当に唯一無二の存在です。

歌舞伎座の空間では、この長い歴史と歌舞伎を愛した先人たちの想いを感じられて、どこか浮世離れした非日常な時間を過ごすことができます。

DATA

歌舞伎座

東京都中央区銀座4-12-15　☎03-3545-6800
https://www.kabuki-za.co.jp/

アクセス：地下鉄日比谷線・都営浅草線「東銀座」駅3番出口よりすぐ。地下鉄銀座線・丸ノ内線・日比谷線「銀座」駅A7番出口より徒歩5分　客席数：1808席（1階席897、2階席441、3階席470）、一幕見席（4F）約150席（椅子席約90、立見約60）

<劇場内（B1F、1F、2F、3F、4F）>イヤホンガイド貸出所：1F（入口を入って右手。字幕ガイドの貸出も）、2F（ロビー西側階段の横）、1F（東側食事予約所　※食事の精算をする方のみ）　コインロッカー：B1F　食事：鳳（2F）、花篭（3F）、吉兆（3F）　喫茶：檜（1F）　売店：木挽町（1F）、座・のれん街（3F）　トイレ：B1F、2F、3F　車いす用トイレ：全フロア　その他：ドリンクカウンター（1F、2F、3F）、筋書売場（1F）、喫煙所（3F）

<劇場外（B2F、4F、5F、屋外）>イヤホンガイド貸出所：屋外（入口の右側外。雨天時は木挽町広場）、食事：歌舞伎茶屋（B2F）　喫茶：タリーズコーヒー（B2F）、寿月堂（5F）　お弁当：やぐら（B2F）　売店：かおみせ（B2F）、はなみち（B2F）、楽座（5F）、寿月堂（5F）　トイレ：B2F、5F　その他：切符引取機（B2F、1階入口外）、四階回廊（4F）、歌舞伎座ギャラリー（5F）、五右衛門階段（5F）、屋上庭園（5F）

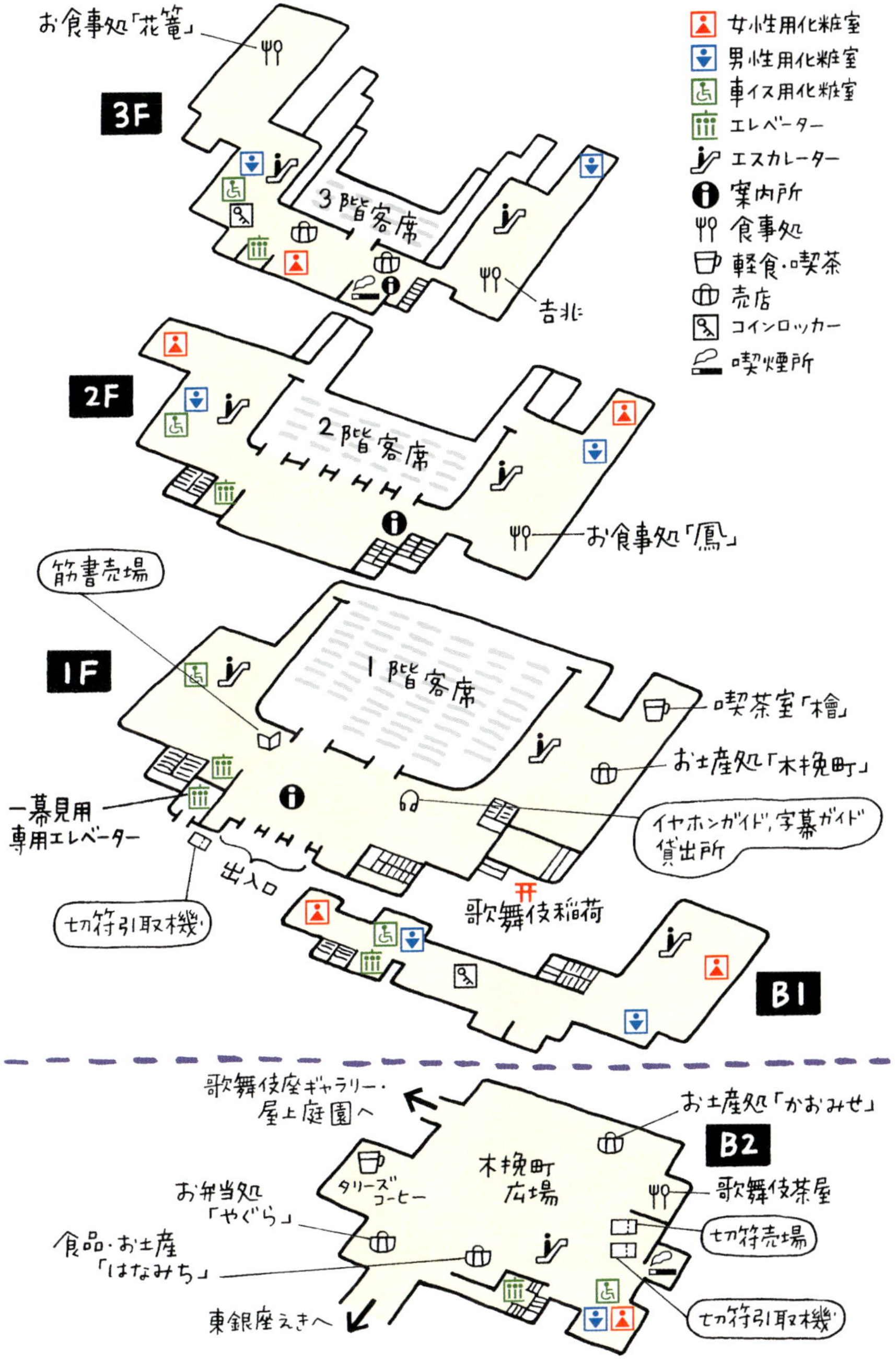
女性用化粧室
男性用化粧室
車イス用化粧室
エレベーター
エスカレーター
案内所
食事処
軽食・喫茶
売店
コインロッカー
喫煙所
3F
お食事処「花篭」
3階客席
吉兆
2F
2階客席
お食事処「鳳」
1F
筋書売場
1階客席
喫茶室「檜」
お土産処「木挽町」
イヤホンガイド、字幕ガイド貸出所
一幕見用専用エレベーター
出入口
切符引取機
歌舞伎稲荷
B1
歌舞伎座ギャラリー・屋上庭園へ
お土産処「かおみせ」
B2
木挽町広場
タリーズコーヒー
歌舞伎茶屋
お弁当処「やぐら」
切符売場
食品・お土産「はなみち」
切符引取機
東銀座えきへ

歌舞伎座・昼の部タイムテーブル

歌舞伎座は昼の部、夜の部とあり、どちらも入場できるのは開演30分前です。そして終演後はすぐに外へ出ることになります。

館内にいられる約4時間半のあいだに10分~35分の休憩が2、3回ありますが、お弁当を食べたり、トイレに行ったりと意外に忙しくて、お土産を買う時間も限られてしまいます。タイムテーブルを追ってシミュレーションをし、計画的に過ごしましょう。

B2階

START!

10:00

▲地下2階、木挽町《こびきちょう》広場のタリーズコーヒー前で待ち合わせ

鳥獣戯画の動物たちがコーヒーを持っている、タリーズ歌舞伎座店の限定手ぬぐい。

揚巻ソフトいただきます！

▲インスタスポットで撮影

木挽町広場

▲開場まで木挽町広場をぶらぶら

▲ガチャガチャにトライ

十代目松本幸四郎襲名記念フィギュアの「口上」をゲット！

10:25

歌舞伎稲荷神社

▲エスカレーターで地上へ。入場の前に歌舞伎稲荷神社にお参り

開場

▶開演30分前に開場。
正面玄関から入ります

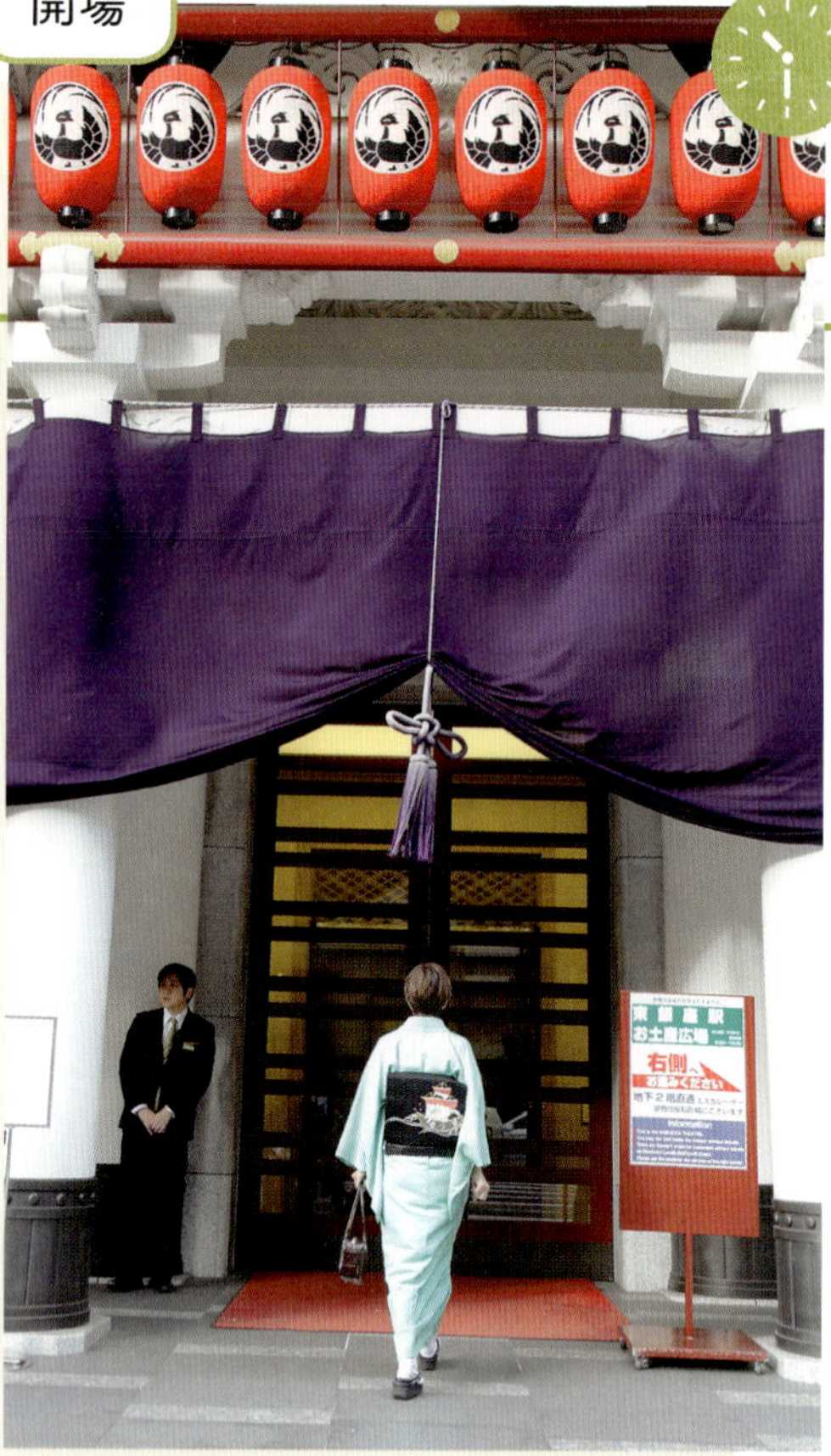

▲イヤホンガイド貸出所で
イヤホンガイドを借ります

◉食事予約所

電話やインターネットで食事を申しこんで精算がまだの場合は、食事予約所で精算をすませます。

◉コインロッカー

大きな荷物は、地下1階のコインロッカーへ。
スーツケースが入る大型ロッカーもあります。

歌舞伎座正面玄関では…

歌舞伎座の正面玄関を入ると、出演中の役者さんの受付があります。ここで、ファンクラブへの入会手続きをしたり、チラシなどをいただくことができます。

また、初日のみというわけではありませんが、特に初日は役者さんの奥様方が贔屓《ひいき》筋《すじ》へのご挨拶に立たれています。その着物姿は美しくてとても華やか。季節ごとの着物コーディネートの勉強にもなります。

▲筋書《すじがき》売り場で筋書を買います

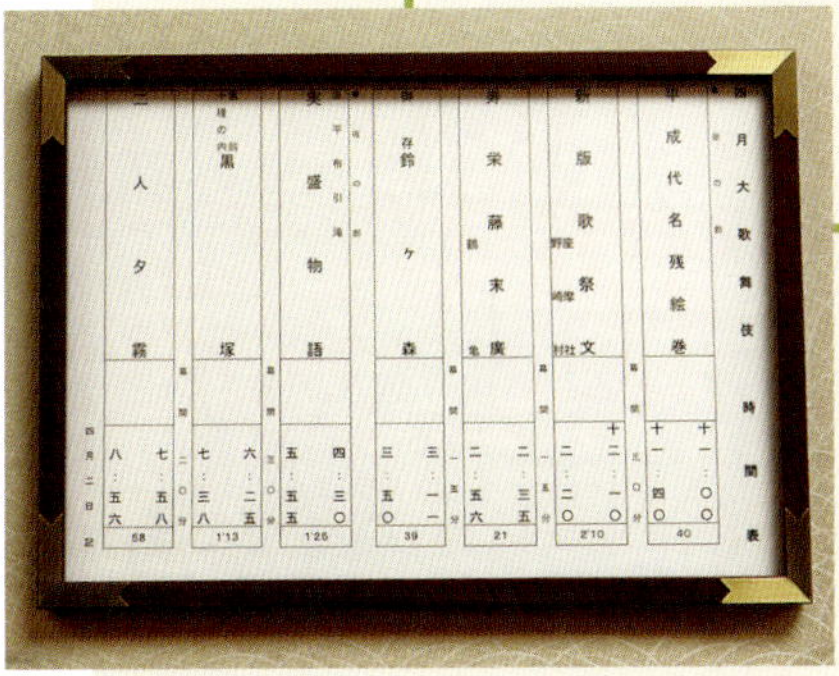

▲上映時間を確認します
*上演時間、休憩時間、休憩のタイミングは毎月変わります。

▲席から近いトイレの場所もチェック

開演！ 11:00

10:50

開演10分前。座席に着きます

1回目の休憩タイム　12:00頃

3F

▲売れ切れ必至の人気スイーツ、
3階の「めでたい焼き」をゲット！

1F のお土産処

▲1階のお土産処「木挽町」で
おやつとお土産を物色

13:00頃　2回目の休憩タイム

▲大黒堂の人形焼

▲歌舞伎座特製
モナカアイス

◀座席または2階の
ベンチでお弁当

14:00頃

3回目の休憩タイム

▲3階のお土産処をチェック

15:40

▲劇場外へ

▲歌舞伎座タワー5階の歌舞伎座ギャラリーへ。お土産処「楽座」で、前の公演の舞台写真をチェック

上演中の演目の舞台写真は、興行の後半になると1階の売店奥で販売されるので、劇場を出る前にチェックしましょう。

夜の部タイムテーブル

夜の部の開演は16時半、開場は16時です。昼の部と同じように2〜3回の休憩があり、そのうちの1回は30分は確保されていて、食事にあてることができます。終演後は木挽町広場や歌舞伎座ギャラリーは閉まっているので、開演前にチェックしておきましょう。

歌舞伎座スイーツ

歌舞伎座で食べ物やお土産を買うことができるのは、誰でもお買い物が楽しめる地下2階の「木挽町《こびきちょう》広場」、歌舞伎座タワー5階のお土産処「楽座」、そして劇場内1階のお土産処「木挽町」、3階の「歌舞伎座特選街」の4か所です。

歌舞伎のお楽しみのひとつは、なんといってもスイーツ！　お土産用だけでなく、座席で食べられるように一口サイズにしたものもあります。たくさんあるスイーツを堪能してください。

B2階　木挽町広場

▲隈取《くまどり》あんぱん

歌舞伎座ベーカリーの毎日焼きたて、隈取の焼印入りあんぱん。写真左はつぶあん、右はこしあん。生地はしっとり、あんはなめらかで甘さ控えめ。

◀揚巻ソフトクリーム

小さい歌舞伎揚げがついていてかわいいソフトクリーム。

▲いろはきんつば

創業200年。焼きたてほかほか。上品な甘さの、刀のつばをイメージして作られている丸いきんつば。（和泉庄）

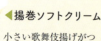

1階　お土産処「木挽町」

◀歌舞伎座特製モナカアイス

サクサクもなかの中は、こだわりの小豆を使用した小倉アイス。歌舞伎座定番中の定番スイーツ。

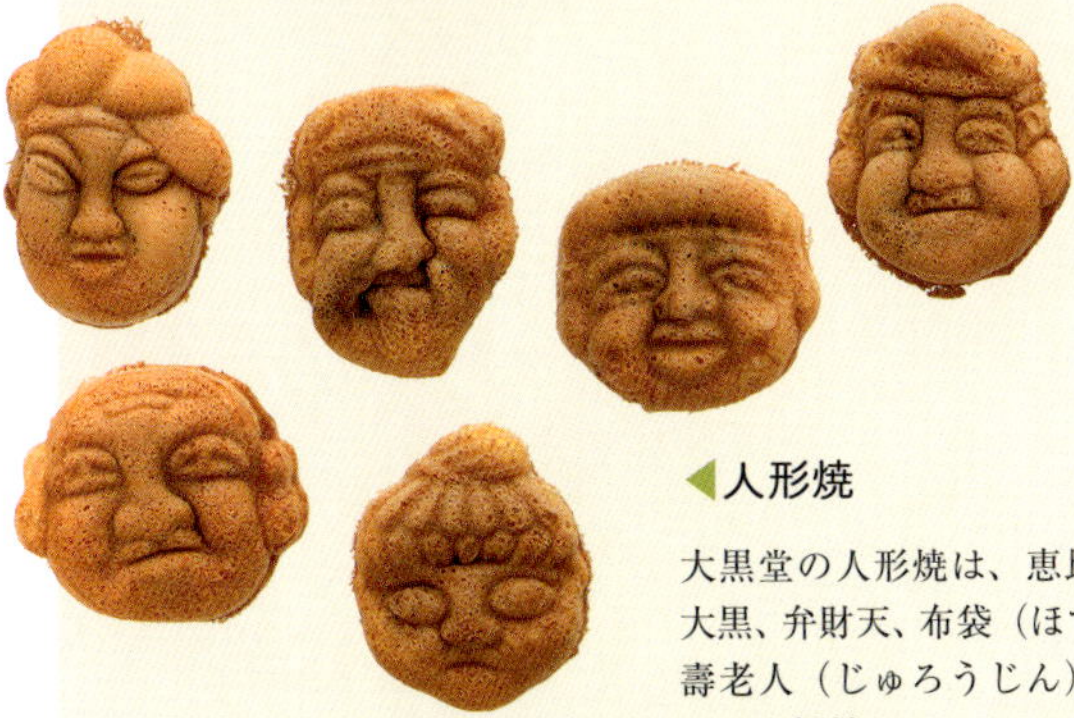

30個に1個入っている「助六」の隈取人形焼。見つけたらいいことあるかも。

◀人形焼

大黒堂の人形焼は、恵比寿、大黒、弁財天、布袋（ほてい）、壽老人（じゅろうじん）、弁天の六福神。

3階　歌舞伎座特選街

▶めでたい焼き　紅白のお餅が入ったおめでたい、たい焼き。人気で、休憩時間にダッシュで駆けつけても売り切れのことも。確実に買いたい方は当日早めに予約を。予約は5個以上から、5個単位です。

3階　歌舞伎座特選街

▲白鷺宝《はくろほう》

白鷺（しらさぎ）の卵をかたどった銘菓。まろやかな口当たりでおいしい。（菓匠花見）

▶わらび餅

食べやすいサイズの小さなカップに、たっぷりと入ったきな粉とわらび餅。（菓匠花見）

◀上生菓子

菓匠花見の美しい季節の上生菓子。左から「三色すみれ」「吉野」「藤」。

▲和三盆

吉野葛（くず）を使った和三盆。歌舞伎座の座紋の鳳凰丸（ほうおうまる）や隈取をかたどっています。（和座）

▲抹茶錦玉羹《きんぎょくかん》

狭山の抹茶をたっぷりと使った寒天に、粗目糖をまぶしたお菓子。（菓匠翁）

▶くずもち

良質な吉野葛を100%使ったくず餅。（和座）

▲えびの舞い

えびの旨味がたっぷりのサクサクせんべい。（菓匠翁）

▲ごぼうせん、玉ねぎせん、わさびせん

ごぼうの香りがたまらないごぼうせん、玉ねぎのほんのり甘さが美味しい玉ねぎせん、わさびのピリッとした風味のわさびせん。どれも食べだしたら止まらない。やみつきになります。（菓匠翁）

女将さんデザイン、「翁」の紙袋も素敵。

歌舞伎座食事術

食事をどうするか事前に考えておくと、短い休憩時間を有効に使うことができます。

お食事処や折詰弁当を予約しておくと安心ですし、劇場内外のお弁当屋さんで買っていって席で食べたり、幕間《まくあい》はお土産を買ったり甘味を味わったりに時間を使い、終演後に余韻を楽しみながらゆっくりご飯を食べて帰るのもよしです。

歌舞伎座内のお食事処は2階に「凰《おおとり》」、3階に「花篭《はなかご》」「吉兆」があります。

花篭の「ごちそう膳」。

桟敷（さじき）まで運んでくれる「桟敷幕の内」。お吸いもの付き。

電話または店頭でお食事処を予約する

「凰」「花篭」「吉兆」のいずれも、電話または地下2階のお弁当処「やぐら」で予約ができます。予約は観劇日の2日前までで、当日開演前までに1階「食事予約所」で精算します。花篭は空席がある場合に限り、食事予約所で当日予約もできます。

お食事処での食事は、基本、一番長い休憩時間（だいたい30分休憩）になり、すぐ食べられるようにセッティングされています。また桟敷席で予約すると、幕間に席まで運んでくれます。

◉電話予約　「凰」「花篭」☎03-3545-6820（10:00 ～ 17:00）
「吉兆」☎03-3542-2450（10:00 ～ 18:00）

インターネットでお食事処を予約する

花篭ではインターネットでの予約もできます。やはり観劇の2日前までで、10日前までに予約をすると割引になる「早得」もあります。

花篭の「花かご御膳」。

電話またはインターネットで折詰弁当を予約する

客席で食べられる折詰弁当も、電話またはインターネットで予約可能です。2日前の17時までで、インターネットの場合は「早得」やお茶のサービスもあります。予約したお弁当は、当日、観劇階のロビーで受け取ります。
◉電話予約　☎03-3545-6820

折詰「歌舞伎座 花道弁当」。

当日、劇場や木挽町《こびきちょう》広場でお弁当を買う

当日、劇場内の売店で、お弁当やサンドイッチなどを買うことができます。

地下2階、お弁当処やぐらの「歌舞伎茶屋お好み弁当」。

当日、劇場外でお弁当を買っていく

前もってどこかでお弁当を買ってから劇場に入ることも可能です。歌舞伎座前には弁当専門店「辨松（べんまつ）」もありますし、銀座の各デパ地下には、たくさんの種類のお弁当があります。

歌舞伎座ギャラリー回廊

お土産処「楽座」

楽座では、前の月の舞台写真が販売されています。公演中の舞台写真は、興行の後半から劇場内の1階売店奥で販売されますが、ここならチケットがなくても購入できるので、買いそびれた方はぜひ行ってみて。

▶歌舞伎稲荷神社の御朱印

▲エレベーター前の顔ハメパネル

劇場と入口が違うので、気づかずに帰ってしまう人も多いのが、歌舞伎座タワーの4、5階にある「歌舞伎座ギャラリー回廊」。昭和通り沿いの入口、または歌舞伎座地下2階、木挽町広場のセブンイレブン脇から抜けてエレベーターで5階に上がります。

5階には楽座、和カフェ寿月堂、屋上庭園、体験型の歌舞伎座ギャラリー、五《ご》右衛《え》門《もん》階段、4階には歴代の歌舞伎座模型と、見どころがたくさんです。

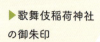

歌舞伎座ギャラリー

体験型展示になっており、舞台に登場する馬に乗ったり、小道具を使ったり、実際に触れたり動かしたりして歌舞伎を体感できます。通常入場料金600円。このほか、さまざまなイベントも行われています。

◀五右衛門階段

歌舞伎座の大屋根が間近に見え、石川五右衛門の有名なセリフ「絶景かな、絶景かな」を思い起こします。

屋上庭園

広さ400㎡の庭園。銀座の建物の屋上には、この空間はとても贅沢。庭園には先人の碑、四代目歌舞伎座の鬼瓦、歌舞伎作者・河竹黙阿弥（かわたけもくあみ）の石灯籠などが飾られています。

▼逆さ鳳凰《ほうおう》

一つだけ逆さ向きの「逆さ鳳凰（ほうおう）」。見つけると幸せになれるとか？

四階回廊

▶歴代歌舞伎座模型

四階回廊には、歴代の名優の肖像や、明治に建てられた初代から現在までの歴代の歌舞伎座の模型が展示され、歌舞伎の歴史に触れることができます。

歌舞伎座周辺お散歩マップ

歌舞伎座に行ったら、お散歩感覚で足を伸ばしてほしい、周辺のレストラン、ちょっと休憩するのに便利なカフェ、面白いショップなどをご紹介。

① 与謝野晶子や芥川龍之介など、文化人に愛された老舗画材店。オリジナルグッズも素敵。

② 隠れ家的、鉛筆とボールペンの専門店。オリジナルや新旧珍しい文具など楽しい。

③ 銀座4丁目の風景を楽しめる2つ星シェフのフレンチ。たまにはゆったりと食事を楽しみたい方に。

④ 松屋銀座裏にあり、1Fは野草を販売、2Fが茶房。隠れ家みたいな心地よい空間。

⑤ 日本初の本格インド料理屋さん。愛されつづける有名すぎるムルギーランチ。

⑥ 歌舞伎役者さんが芝居で履いている足袋はここ。足袋は5mm単位、手ぬぐいは400種類とか。

⑦ 歌舞伎座前、1Fは人気の国産小麦を使った食パンなどの売場、2Fが交差点を見渡せるカフェ。

⑧ 歌舞伎座隣、交差点角で待ち合わせしやすいカフェ。

⑨ たくさんの種類がそろう摘みたて紅茶と焼きたてワッフルのお店。ランチも美味。

⑩ 安くておいしい、役者さんたちにも人気のそば屋。

⑪ 歌舞伎座裏手、静かで夜遅くまで営業している喫茶店。丁寧にドリップしてくれるコーヒーが美味。

⑫ 歌舞伎座タワー5階にある、空中庭園を眺められる日本茶専門店の和カフェ。抹茶モンブランがお気に入り。

⑬ 木挽町広場からのエスカレーター上がってすぐ。1Fは文明堂のお菓子売場、2Fがカフェ。

⑭ 歌舞伎座裏手にひっそりたたずむ、ピザ釜のある大人気ナポリピッツァのお店。

⑮ 満足間違いなしの大迫力の厚切りサンドイッチ。

⑯ 音楽、おいしいコーヒー、レトロな空間。ジョン・レノンがオノ・ヨーコと訪れた店として有名な喫茶店。

⑰ ふわとろオムライスはとにかく絶品。

⑱ ヘルシーでリーズナブル、女子に大人気のカフェ。平日は夜の終演後も営業していて重宝します。

⑲ 100年以上の歴史をもつ活版印刷所。多くの芸能人、文化人がここで活版印刷の名刺を作る人気店。

⑳ 歌舞伎、新劇などの演劇や映画、テレビの台本、文献など45万点以上所蔵している演劇・映画専門図書館。

㉑ 新橋演舞場の目の前、どこか懐かしいナポリタン、カレー、プリンが食べられる喫茶。

幸四郎さんのオススメ！

銀座　銀之塔

「タンシチューが絶品です。子供の頃、出前でご褒美に父からとってもらったのが、馴れ初め」

column-1

歌舞伎から生まれた色と柄

江戸時代、歌舞伎役者が舞台で身につけた衣裳の色や柄は瞬く間に流行しました。歌舞伎役者は現在のアイドルのような存在で、ファッションリーダーだったのです。当時、大流行した色柄が現在でも使われています。

色

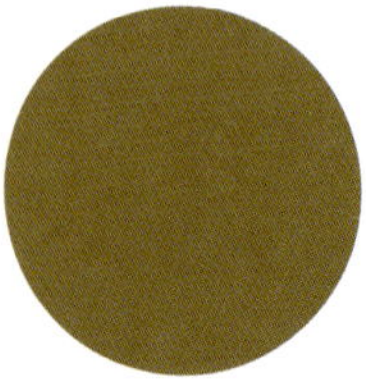

路考茶《ろこうちゃ》

二代目瀬川菊之丞が好んで用いた茶色。

團十郎茶《だんじゅうろうちゃ》

初代市川團十郎が使った渋柿で染めた茶色。

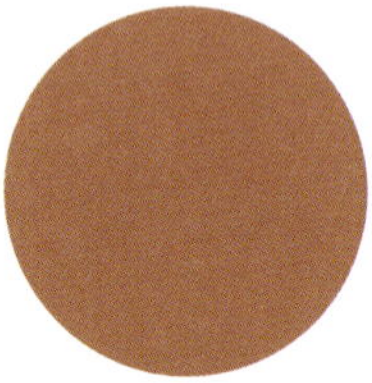

芝翫茶《しかんちゃ》

三代目中村歌右衛門が好んだ色で、芝翫は歌右衛門の俳名。

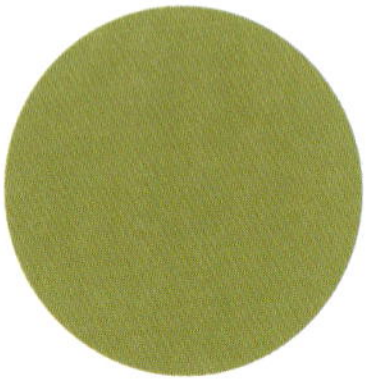

梅幸茶《ばいこうちゃ》

初代尾上菊五郎が好んだといわれた色。

柄

市松模様

もともと石畳と呼ばれていた文様。初代佐野川市松が衣裳の袴（はかま）にこの柄を使い、大流行したことから。

半四郎鹿《はんしろうか》の子《こ》

五代目岩井半四郎が演じた八百屋お七の衣裳、浅葱（あさぎ）の麻の葉鹿子が爆発的に流行したことから。

六弥太格子《ろくやたごうし》

八代目市川團十郎が『一の谷武者絵土産』の岡部六弥太に扮した際、裃（かみしも）にこの文様を使ったことから。

3

歌舞伎の劇場を旅してまわろう

新橋演舞場

新橋芸者の技芸向上、披露を目的に、大正時代に創立された劇場。東京大空襲で焼失後、1948（昭和23）年に再建され、1982年に新築して今の建物になりました。2010（平成22）年に歌舞伎座が改築工事に入ると、再開場までの間、歌舞伎の常設劇場となりました。

劇場の定紋《じょうもん》は「雪月花」。歌舞伎、新派、現代劇、ミュージカル、日本舞踊など年間を通してさまざまな公演が開催されます。新橋花柳界の特別な催し「東《あずま》をどり」は今でも続いています。

歌舞伎座から歩いて5分ほど、最寄駅は新橋ではなく、東銀座駅と築地市場駅です。開演前には、劇場入口外でお弁当が販売されます。豪華な幕内弁当からお蕎麦まで、館内の食堂も充実しています。

ゴージャスな雰囲気の
1階正面エントランス。

DATA

新橋演舞場

東京都中央区銀座6-18-2　☎03-3541-2600
https://www.shinbashi-enbujo.co.jp/

アクセス：地下鉄日比谷線・都営浅草線「東銀座」駅6番出口より徒歩5分。都営大江戸線「築地市場」駅A3出口より徒歩3分　客席数：1428席　イヤホンガイド貸出所：1F（正面入口を入って左側）、屋外（東銀座駅側の劇場外）　コインロッカー：全フロア（B1・1・2・3F）　食事：東（B2F）、雪月花（2F）、そば処かべす（2F）※食事は予約が可能。前日の午後6時までに演舞場サービス0120-224-117に電話またはHPから予約。　お弁当：折詰弁当発売所（1F）　売店：賑（1F）、彩（2F）　トイレ：全フロア（B1・1・2・3F）　車いす用トイレ：1F　その他施設：ドリンクカウンター（1F・2F）、筋書売場（1F）、喫煙スペース（1F）

おやつ＆食事

観劇饅頭（大黒堂）

ゴーフレット（東京風月堂）

季節のごはん膳、5・6月は深川めし。

食事の一番人気、雪月花の「季節のごはん膳」。月替わりでごはん内容が異なり、写真は9・10月限定の松茸ごはん。

市場から生きたうなぎを仕入れ、専門の職人がさばいて焼き上げる、演舞場名物・うな重。肝吸い、香の物付き。

国立劇場

独立行政法人日本芸術文化振興会が運営する劇場で、歌舞伎や日本舞踊などの公演が行われる大劇場、文楽・雅楽・邦楽・日本舞踊・民俗芸能などが行われる小劇場があります。歌舞伎公演は、1、3、10、11、12月。6・7月には解説付きの「歌舞伎鑑賞教室」もあります（p.53参照）。

正面入口を入ると、ロビーに飾られた六代目尾上《おのえ》菊五郎《きくごろう》の「鏡獅子《かがみじし》」の像（平櫛田中《ひらぐしでんちゅう》作）が目を引きます。お正月の劇場内は大凧などが飾りつけられて華やか。1月公演の初日は鏡開き、獅子舞《ししまい》などで盛り上がります。舞台から役者さんが手ぬぐいをまいてくれるのも楽しみ。

大劇場の客席（写真上）
とロビー。

DATA

国立劇場

東京都千代田区隼町4-1　☎03-3265-7411
https://www.ntj.jac.go.jp/kokuritsu/

アクセス：地下鉄半蔵門線「半蔵門」駅6番・1番出口より徒歩5分。地下鉄有楽町線・半蔵門線・南北線「永田町」駅4番出口より徒歩8分　客席数：1610席　イヤホンガイド貸出所：1F（入口入って右手。エスカレーター脇）　コインロッカー：全フロア（1F、2F、3F）　食事・喫茶：和café 花みずき（1F）、お茶処さくら（2F）、十八番（2F・3F）、お食事処やまぼうし（3F）　お弁当：十八番（1F）、十一屋」（1F）、七福（2F）　売店：十一屋（1F・2F）　トイレ：全フロア（1F、2F、3F）　車いす用トイレ：1F　その他施設：プログラム・書籍売り場（1F）、無料お休み処（2F）、託児室（p.21参照）、無料 Wi-Fi

3階席でも花道が見えて1800円、学生割引1300円と映画と同じくらいなので、若い方の歌舞伎の入口としておすすめです。

国立劇場では復活通し狂言がかかることが多いのも魅力です。また、伝統芸能情報館が併設されており、さまざまな企画展示、ライブラリー、伝統芸能レクチャーなどがあるので、立ち寄ってみるのも楽しいと思います。

もし駅近辺で食べそびれても、劇場内の食堂やお弁当が充実しているので困ることはありません。0～12歳までの子供を預かってくれる託児サービス（有料）もありますので、たまにはゆっくり観劇してみてはいかがでしょう。

お土産

和紙シール
くろごちゃん

くろごちゃん
携帯ストラップ

国立劇場のオリジナルマスコット「くろごちゃん」のぬいぐるみ。サイズは大小2種類。かわいい。

芝居廻り絵巻「仮名手本忠臣蔵（かなでほんちゅうしんぐら）」。各場面がぐるりと一周に配置された立体絵本。

大人気の
「歌舞伎名ぜりふかるた」。

おやつ＆お弁当

演目ごとに違う隈取（くまどり）のパッケージが楽しい「歌舞伎隈取づくしべっこう梅飴」。（一心堂本舗）

クアトロえびチーズ
（志満秀）

国立劇場キャンデー

くろごちゃん饅頭

1階十一屋でいちばん人気の「おにぎり弁当」。

column-2

歌舞伎を学ぶ

歌舞伎座や国立劇場などでは、歌舞伎を知るため、大人向け、子ども向けのさまざまなイベントやワークショップが開催されています。

歌舞伎座５階にある歌舞伎座ギャラリーでは、「ギャラリーレクチャー 歌舞伎夜話」として、若手からベテランまで役者さんのトークイベントが定期的に行われています。歌舞伎座内のお食事処「花篭《はなかご》」でも、さまざまなイベントが開かれています。

また子供向けとしては、歌舞伎座の稽古場を会場として、礼儀作法や歌舞伎子役の基礎を学ぶ「こども歌舞伎スクール　寺子屋」があります(毎年秋に翌年４月からの入校者を募集)。

歌舞伎座ギャラリーでの「こども歌舞伎スクール　寺子屋」の発表会。

国立劇場では毎年６・７月に、「歌舞伎鑑賞教室」、仕事が終わってからの夜開演の「社会人のための歌舞伎鑑賞教室」、外国の方向けの「Discover KABUKI」、18歳以下の子供と参加する「親子で楽しむ歌舞伎鑑賞教室」が開催されます。どれも２時間半ほどと短く、料金も安価。最初に役者による実演を交えた解説があり、その後、歌舞伎を観ます。わかりやすい解説を聞いてから観るので入門にぴったりです。

「Discover KABUKI」は日本語と英語を交えての解説に、中国語・韓国語・スペイン語・フランス語の同時通訳のサービスもあります。公演では英語字幕が表示され、日本語・英語のイヤホンガイドと、その他言語による音声解説も。留学生や旅行者、語学学校の学生さんなどにオススメです。

2019（令和元）年の「歌舞伎鑑賞教室」のチラシ。

南座

南座のルーツは江戸時代初期。四条河原で誕生し、以来４００年の日本最古の歴史をもつ劇場です。昭和初期に、現在の建物の鉄筋コンクリート造りで桃山風破風《はふ》造りの劇場として竣工。２０１６（平成28）年から耐震補強改修工事のため休館していましたが、２０１８年に新開場しました。国の登録有形文化財、京都市の歴史的意匠建造物に指定されています。

「まねきが上がると師走だなと感じる」という人も多い、京都の風物詩でもある吉例《きちれい》顔見世《かおみせ》興行は、戦中も一度も絶えることなく現在まで続いています。顔見世のときに正面に掲げられる、役者の名前を勘亭《かんてい》流で書いた「まね

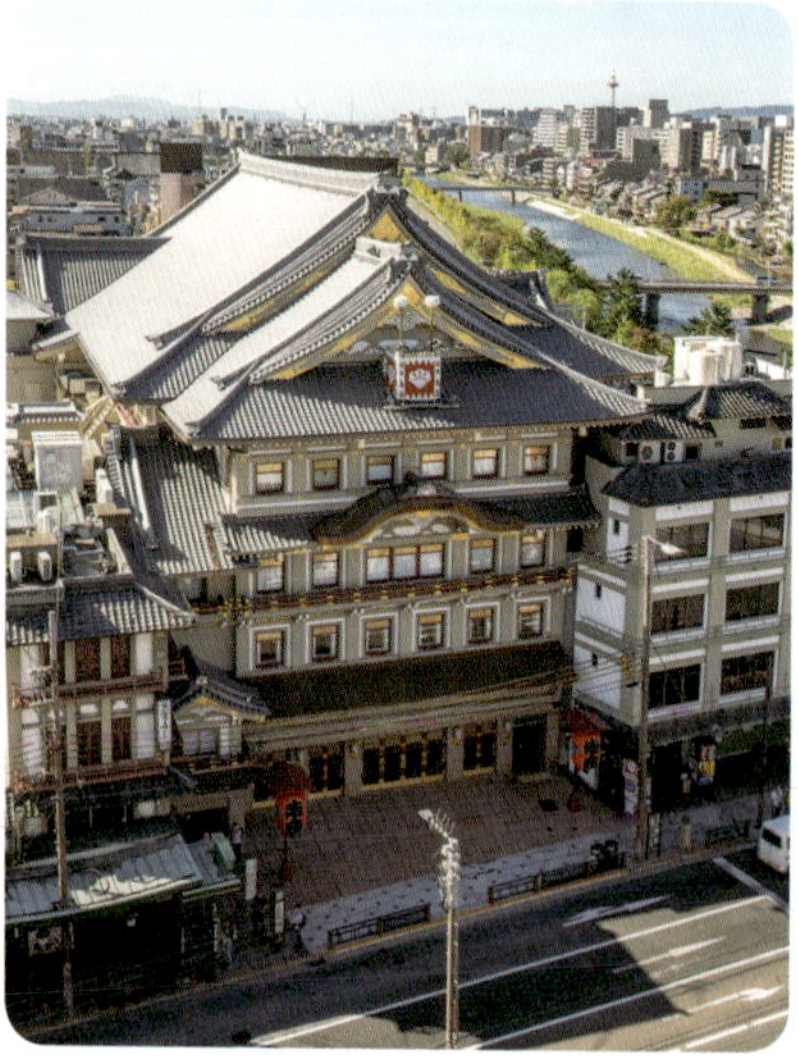

緞帳（どんちょう）は「赤地草花連紋（あかじそうかれんもん）」。赤地に、かきつばた、菊、小花、鴨川の飛沫など、自然豊かな京都のイメージが取り入れられています。

（提供　株式会社聖護院八ツ橋総本店）

DATA

南座

京都府京都市東山区四条大橋東詰　☎075-561-1155
https://www.shochiku.co.jp/play/theater/minamiza/

アクセス：京阪電鉄「祇園四条」駅6番出口よりすぐ。阪急電鉄「河原町」駅1番出口より徒歩3分。JR京都駅よりタクシーで約15分　客席数：最大1082席　イヤホンガイド貸出所：1F（入口を入ってロビー右手奥）、屋外（1F正面入口の手前の左側）　コインロッカー：B1F　※スーツケース等大きな荷物は別料金で1F正面玄関入口内へ　食事・喫茶：なだ万茶寮（2F）、井筒八ツ橋本舗（1F）、とらや（1F）　お弁当：なだ万厨房お弁当販売コーナー（1F）、とらや南座特設カウンター（1F）、HANA吉兆南座内特設カウンター（1F）　売店：井筒八ツ橋本舗（1F、2F）　トイレ：全フロア（B1Fは女性のみ、1F、2F、3F）　車いす用トイレ：1F　その他施設：喫煙室（3F）、ドリンクコーナー（1F売店、3F）

き」、また祇園甲部、宮川町、先斗町《ぽんとちょう》、上七軒、祇園東の五花街《ごかがい》の芸妓《げいこ》、舞妓《まいこ》が桟敷《さじき》席にズラリと並んで観劇する「総見《そうけん》」はとても華やか。

由緒ある南座はちょっとオシャレして観劇に行きたいと思わせる劇場です。

『廓文章（くるわぶんしょう）』に登場する傾城（けいせい）の名にちなんだ「夕霧」。（井筒八ツ橋本舗）

おやつ

松竹監修オリジナルの「虎の隈取」が描かれた南座限定パッケージ、小形羊羹「夜の梅」。（とらや）

パンに、生八ツ橋、砕いた八ツ橋、生クリーム、あんこ（小倉大納言小豆）がサンドされた、南座名物「八ツ橋サンド」。（井筒八ツ橋本舗）

南座公式キャラクター「みなみーな」がプリントされた八ツ橋。（井筒八ツ橋本舗）

劇場外観をあしらった限定パッケージの「花ほうてん」。（井筒八ツ橋本舗）

お土産

南座公式キャラクター「みなみーな」のマスコットキーホルダー、クリアファイル、手ぬぐい。

食事・お弁当

天保元（1830）年より続くなだ万のお弁当「扇」（季節により内容は異なります）。

1F とらや特設カウンターで販売している米村（旧レストランよねむら）監修の「ハンバーグ洋食弁当」。南座限定パッケージの小形羊羹１本付。

2F 西ロビー、なだ万レストランでいただける「南座懐石重箱」。
※画像はイメージです。

南座 周辺おさんぽMAP

井澤屋

フランソワ
喫茶室

白 HAKU

①イタリア人シェフが作るお料理は何を食べても美味。

②レトロな喫茶店でいただくインスタ映えのゼリーポンチ。

③昭和レトロなたたずまい。国の登録有形文化財指定の喫茶店。

④NYのチョコレート店。乙女な空間でチョコを堪能したい。

⑤南座目の前。昼の部の前から夜の部終演後も営業していて便利。

⑥南座の隣、にしん蕎麦で有名。

⑦着物好きなら必ず立ち寄ってほしい、京好みな小物を揃えた老舗和装小物店。

⑧フルーツサンドがおいしい。楽屋にも出前するそう。

⑨町家でいただく中華。ふかひれ土鍋ごはんを食べに通う人がたくさん。

⑩「あんみつの月ヶ瀬」と呼ばれ、地元で愛される名店。

⑪老舗和菓子屋・鍵善良房（かぎぜんよしふさ）がプロデュースする路地裏にたたずむ和カフェ。

⑫高台寺和久傳（こうだいじわくでん）のおもたせ専門店。やっぱり、おはぎが人気。

⑬九条ねぎたっぷりのねぎうどんが一番人気。

⑭とにかく栗蒸羊羹が絶品。

幸四郎さんのオススメ！

肉割烹《かっぽう》　安参《やっさん》

「祇園にある居酒屋風のお店。牛肉オンパレードで、生肉から堪能できます」

大阪松竹座

正面の大きなアーチが特徴のネオルネッサンス様式の劇場で、大正時代に関西初の洋式劇場として開場しました。以来、１９９４（平成６）年まで主に洋画を中心に興行、１９９７年に演劇の劇場として生まれ変わりました。

現在は、歌舞伎、新派、松竹新喜劇などを中心にさまざまなエンターテイメントが上演されています。グリコサインのすぐ裏手、道頓堀《どうとんぼり》の賑やかな場所にあり、利便性がよいのも魅力です。

歌舞伎は１月、７月が恒例となっています。７月の公演に先駆けて行われる道頓堀の船乗り込みは夏の風物詩。

劇場としては少し小さめなので、舞台と客席の距離が近く、他の劇場では味わえない一体感が感じられて好きな劇場です。松竹座には着ていくものも気持ちカジュアルにして楽しみます。

大理石のエントランスロビーには、フランス人画家ベルナール・ビュッフェが描いた「暫（しばらく）」が飾られています。

DATA

大阪松竹座

大阪府大阪市中央区道頓堀1-9-19　☎06-6214-2211
https://www.shochiku.co.jp/play/theater/shochikuza/

アクセス：地下鉄御堂筋線・四つ橋線・千日前線「なんば」駅14号出口より徒歩約1分　座席数：1033席　イヤホンガイド貸出所：1F（正面玄関を入りすぐ右手）、2F（左手の階段を上がってすぐ）　コインロッカー：3F、5F　食事：とんかつダイニング「キムカツ」（B1F）、日本料理「仁扇」（B1F）、名古屋名物みそカツ「矢場とん」（B1F）、ステーキさくら（B1F）、とうふ・和食 四季自然喰処「たちばな」（B2F）、道頓堀麦酒醸造所（B2F）　売店：2F　トイレ：1F、2F、4F、5F　車いす用トイレ：1F、3F

おやつ＆お土産

松竹座観劇記念「こしあん饅頭」

ふっくら蒸しあがった饅頭の中には、あんこではなくお赤飯が！ 幸四郎さんがかつて‘おめざ’に選んだ高砂堂の「栗赤飯饅頭」。

コカ・コーラの大阪デザインボトルと、輪切ミックス奉天（丸英製菓）のコラボ。奉天とは、かりんとうを飴で包んだ和菓子のこと。

2019年限定「猪勧進帳　土鈴」。

大阪松竹座オリジナル、緞帳（どんちょう）と引き幕の柄の手ぬぐい。

食事

地下１階・２階の「松竹座ダイニング」にはおいしいレストランがずらり。それぞれの店舗の電話番号から、事前に食事やお弁当の予約もできます。

キムカツ膳プレーン（キムカツ）

ロースとんかつ定食（みそカツ矢場とん）

名物海鮮石焼き付き松花堂（仁扇）

松花堂弁当（和食たちばな）

地ビール飲みくらべセット
（道頓堀麦酒醸造所）

大阪松竹座 周辺おさんぽMAP

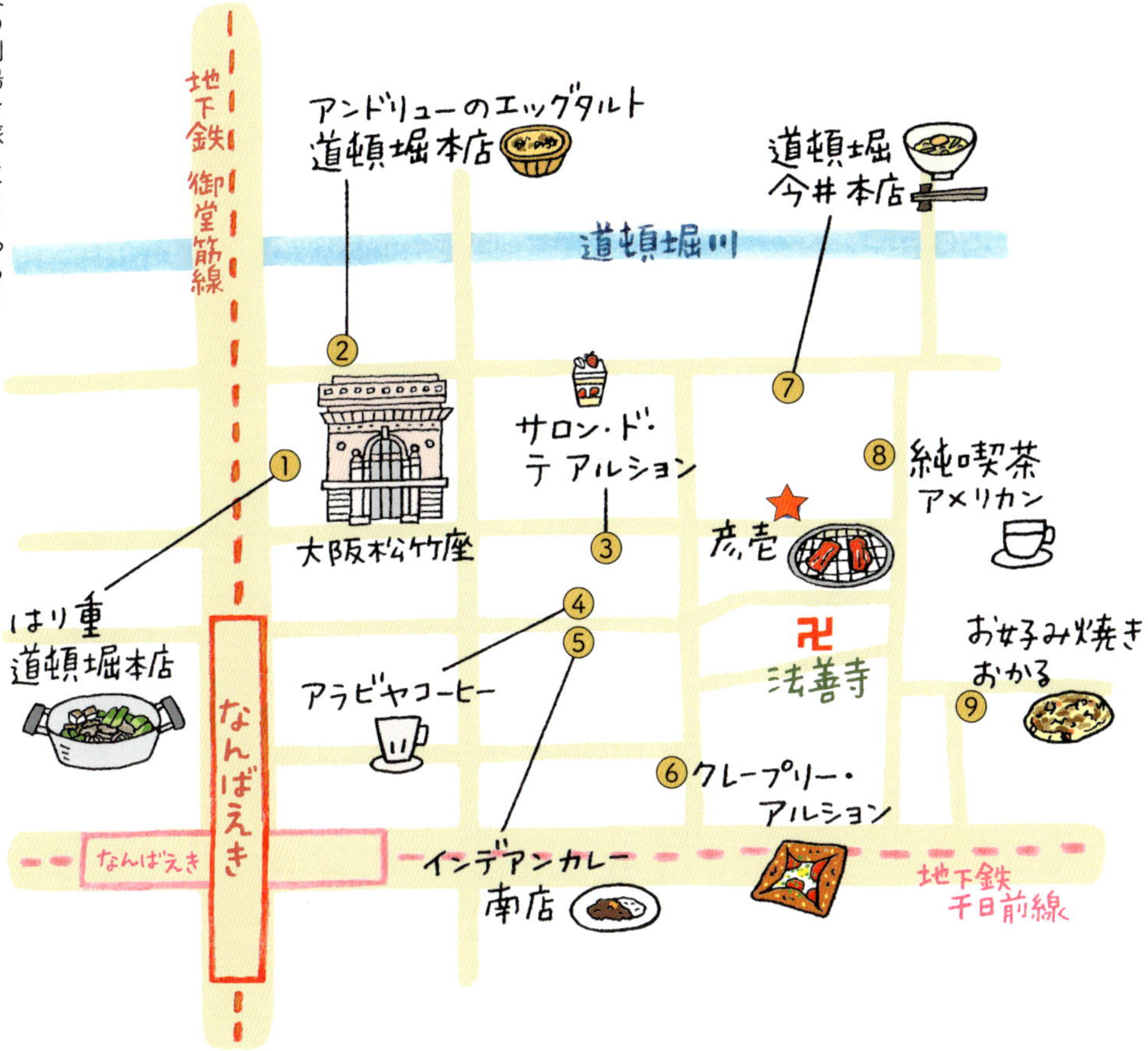

①松竹座の隣、創業100年の黒毛和牛専門店。開演前にはお弁当予約デスクが出てお弁当も注文可。

②松竹座目の前にある、大阪人なら皆知っているという濃厚エッグタルト。

③レトロな雰囲気で紅茶とケーキがおいしくて、ランチやディナーもできます。

④創業1951年、老舗の喫茶店は多くの役者さん御用達。

⑤大阪では有名な甘くて辛い？病みつきになるというカレー。こちらも役者さん御用達。

⑥黄色い壁が目印の、本格的な老舗クレープ・ガレット店。

⑦甘くてあっさり大阪のうどん。王道だけど絶品のきつねうどん。

⑧昭和レトロモダンな純喫茶。メニューもちょっと懐かしい。

⑨マヨネーズアートをしてくれる老舗お好み焼き屋さん。

幸四郎さんのオススメ！

彦壱《ひこいち》

「法善寺横丁にある焼肉屋。大阪公演のときは必ず行って、エネルギー補給をします」

御《み》園《その》座《ざ》

1897(明治30)年開場。戦火と火災による2度の焼失を乗り越え、名古屋の人々に愛されて120年の歴史を刻んできた劇場です。名古屋三座といわれたうち中日劇場、名鉄ホールが閉場となり、名古屋の芸術の拠点として2018(平成30)年、リニューアルして再開場しました。歌舞伎、新喜劇、ミュージカルなど幅広く上演されています。歌舞伎公演は4月と10月。

新しくなった御園座のテーマカラーは「御園座レッド」と呼ばれる赤。会場の椅子は、長時間の観劇でも疲れないよう人間工学に基づいて設計されています。

売店や飲食店も充実しています。以

天井や壁には市松模様、床には亀甲柄と、日本の伝統柄が施されています。

DATA

御園座

愛知県名古屋市中区栄 1-6-14 ☎052-308-8899(個人予約・御園座チケットセンター)
https://www.misonoza.co.jp/

アクセス:地下鉄東山線・鶴舞線「伏見」駅6番出口より徒歩2分 座席数:1299席 イヤホンガイド貸出所:1F(入口入って左) コインロッカー:1F(入口入って右) お弁当:チタカ弁当、八百彦、料亭つたも、おか冨士(以上1F売店)、御園小町(2F) ※いずれも予約可。電話番号などはHPで確認 ※併設の御園座タワー1F「御園小町」内の飲食物は持ち込み可 売店:御園茶屋(1F)、両口屋(1F)、御園小町(2F) トイレ・車いす用トイレ:全フロア(1F・2F) その他施設:御園座演劇図書館(劇場と入口は別)

前は劇場内での飲食は禁止されていましたが、うれしいことに客席での飲食が可能になりました。また演劇図書館も併設され、歌舞伎を中心とした演劇関係の資料などが充実しています。無料なのでぜひ立ち寄ってみてください。

表にはシャチホコ、裏には冨士と扇があしらわれた「御園焼き」。中はつぶあん、白あん、八丁みそあんの3種類。御園座タワー1F 御園小町で販売。

おやつ

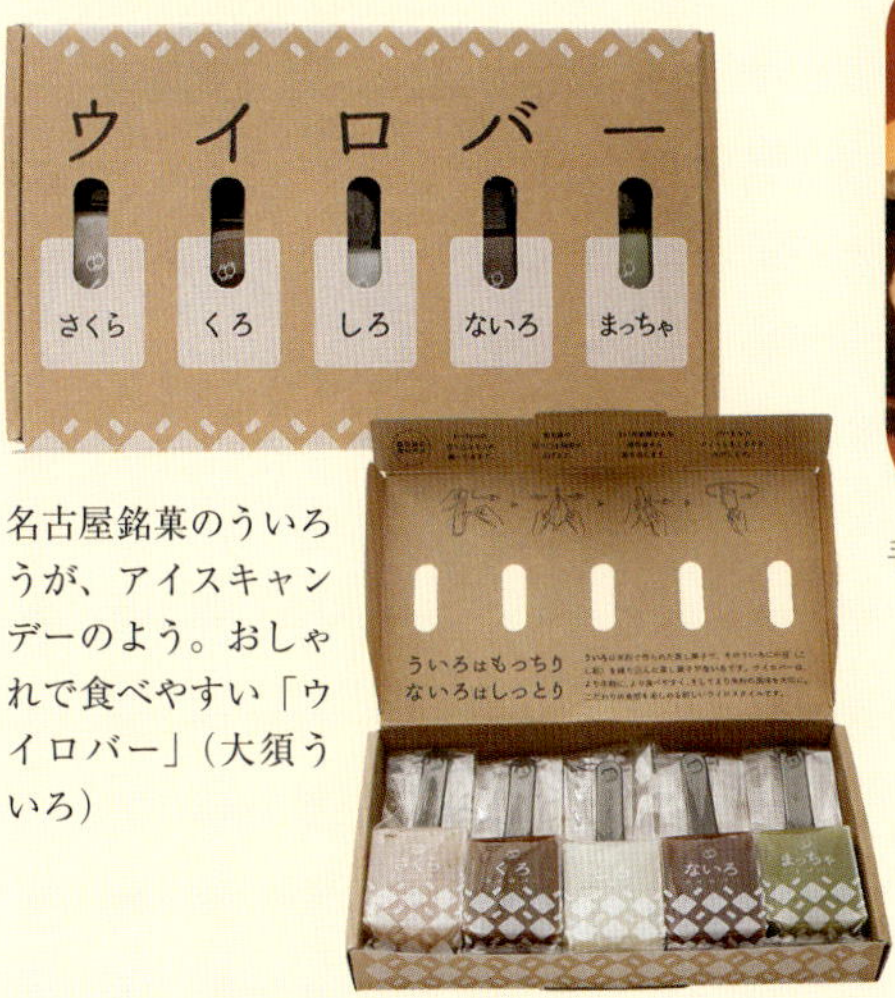

名古屋銘菓のういろうが、アイスキャンデーのよう。おしゃれで食べやすい「ウイロバー」（大須ういろ）

手焼きモナカアイス（ぷらんぽん）

元祖えびせんべい・ゆかり
黄金缶（坂角総本舗）

生しるこサンド（松永製菓）

芋きんつばは、その場でできたてのアツアツがいただけます。お芋の甘味が絶品！（長崎堂）

食事・お弁当

「ひざのせ幕の内弁当」風呂敷がひざ掛けとして使え、お茶も立てられるなど、工夫が凝らされています。（御園小町）

「御園座限定うなぎ弁当」

おか富士の専用サイト（http://okafuji.shop/）から予約できます。

御園座
周辺おさんぽMAP

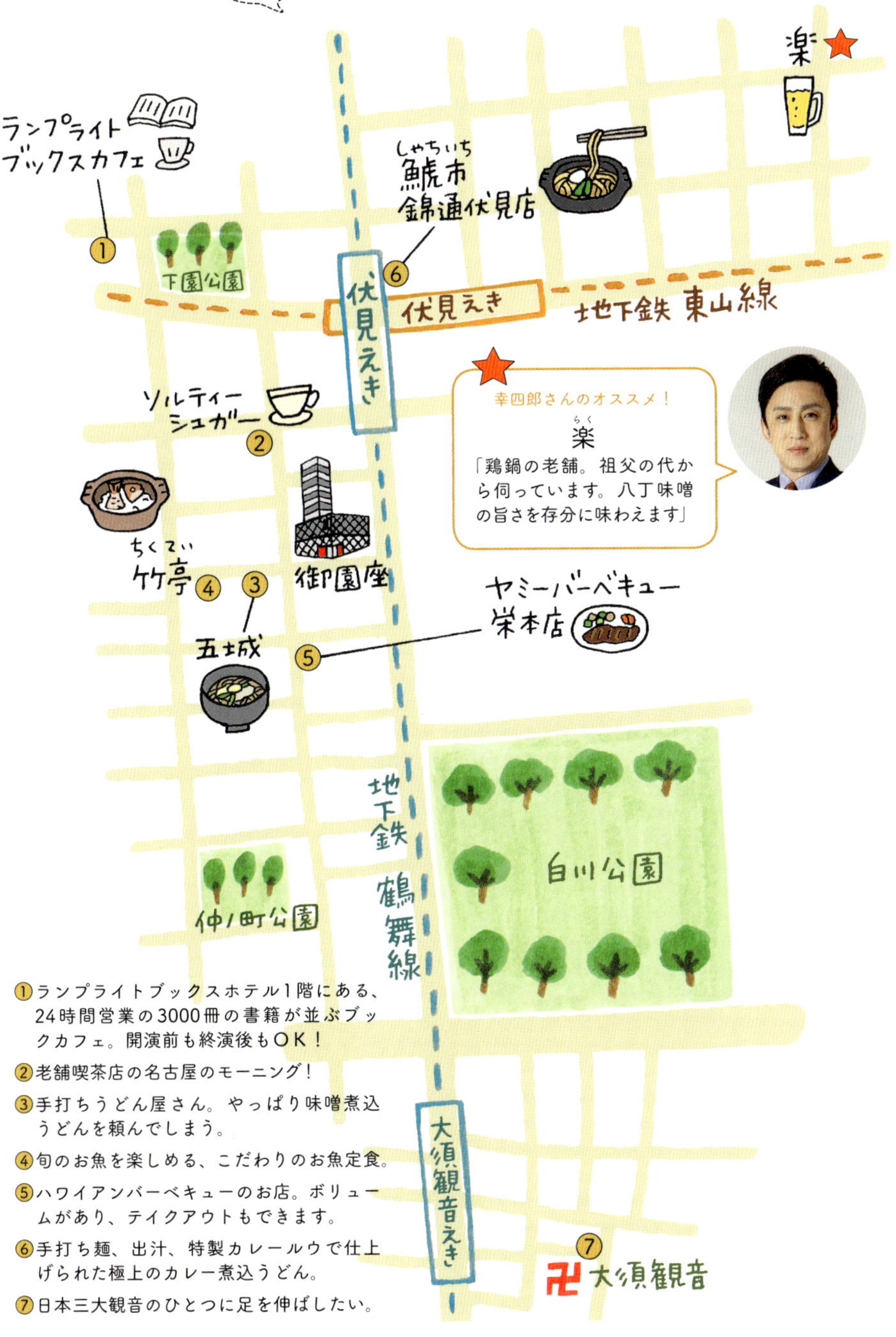

幸四郎さんのオススメ！

楽《らく》

「鶏鍋の老舗。祖父の代から伺っています。八丁味噌の旨さを存分に味わえます」

①ランプライトブックスホテル1階にある、24時間営業の3000冊の書籍が並ぶブックカフェ。開演前も終演後もOK！

②老舗喫茶店の名古屋のモーニング！

③手打ちうどん屋さん。やっぱり味噌煮込うどんを頼んでしまう。

④旬のお魚を楽しめる、こだわりのお魚定食。

⑤ハワイアンバーベキューのお店。ボリュームがあり、テイクアウトもできます。

⑥手打ち麺、出汁、特製カレールウで仕上げられた極上のカレー煮込うどん。

⑦日本三大観音のひとつに足を伸ばしたい。

博多座

1999（平成11）年、全国初の公設民営の劇場、九州の芸能文化の拠点として誕生しました。劇場正面に赤い博多座の提灯が飾られ、重厚感のある建物です。エントランスホールの大理石と大きな照明、美しい曲線を描く馬蹄階段と、ゆったりとした内装はまるでホテルのよう。

歌舞伎、ミュージカル、宝塚歌劇などさまざまなジャンルの作品が上演されます。中洲川端《なかすかわばた》駅改札から劇場入口へ直行のエレベーターがあり、アクセスも抜群。女性用トイレが広くて数が多く、内装がきれいなのも、とてもポイントが高いです。オペラグラス（有料）、膝掛け、座布団などの貸し出しがあるのもうれしい。

歌舞伎公演は2・6月。2月の役者さんによる櫛田《くしだ》神社の豆まき、6月公演を前にした5月末の船乗り込みは、それぞれ博多の季節の風物詩です。

ゆったりとした空間の、エレガントなロビー。

DATA

博多座

福岡市博多区下川端町2-1　☎092-263-5555（公演に関する問合せ 博多座電話予約センター）
https://www.hakataza.co.jp/ticket/priority.php

アクセス：地下鉄「中洲川端」駅7番出口直結。バス「川端町・博多座前」下車すぐ。天神より徒歩10分　座席数：1500席　イヤホンガイド貸出所：劇場エントランス、客席1Fロビー　ロッカー：全フロア（客席1F、2F、3F）　※大きな荷物は劇場エントランス受付で預けられる　食事・喫茶：レストラン花幸（客席1F）、HAKATAZA LOUNGE（エントランスホール）、CJカフェ（客席2F）、HAKATAZA BAKERY（劇場外）　お弁当：花幸（客席1F）、料亭老松（客席1F）、やまこう（客席1F）　※すべて予約可　売店：客席1F・2F　トイレ・車いす用トイレ：全フロア（エントランス、客席1F、2F、3F）　その他：補聴器（保証金あり、客席1F）、喫煙コーナー（客席3F）、膝掛け・座布団（各階）、オペラグラス貸出（有料・保証金あり、客席1Fロビー売店）

おやつ

明治22年創業・老舗和菓子屋、花月堂寿永の「博多座どら焼き」。

小豆と抹茶の2種類ある「博多座きんつば」。甘さ控えめ。（きんつば本舗）

あん（白あんと黒あんの２種）の中に大粒の金時豆が入った「博多座もなか」。（花月堂寿永）

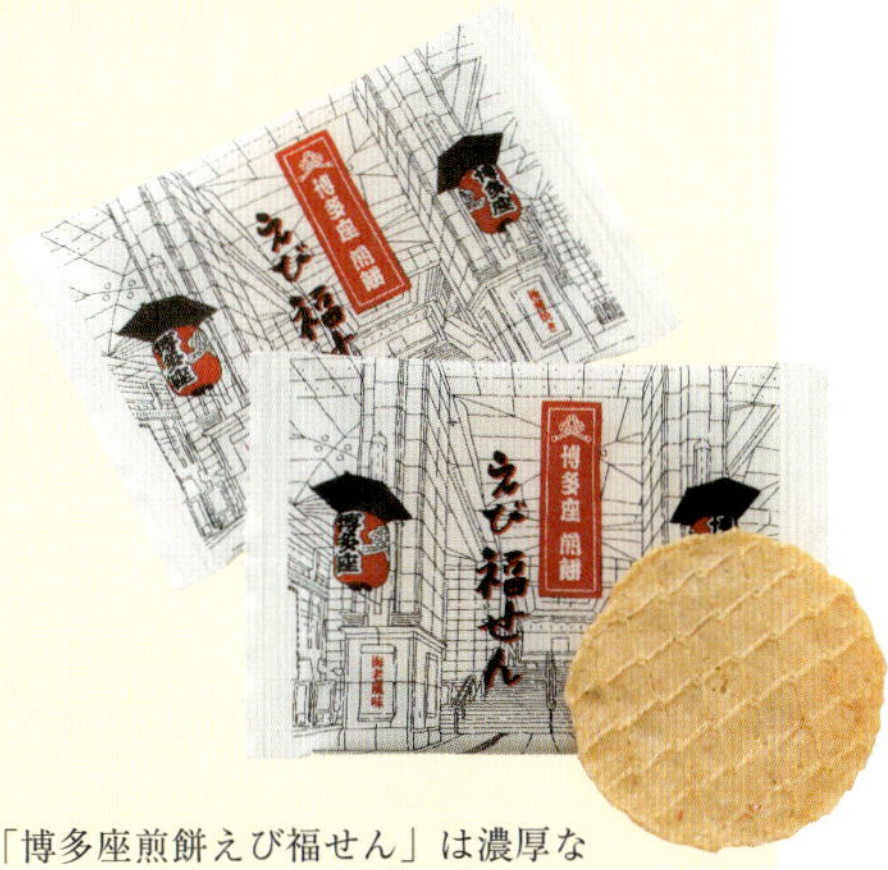

「博多座煎餅えび福せん」は濃厚なエビの旨味と甘み。（博多福せん）

ひとつひとつに博多座の紋の焼印がついた「博多座饅頭」。（菓子処 樹）

食事

メニューは時期によって
変わることがあります。

天ぷらそばは夏期のみ。（レストラン花幸）

かぶと煮御膳（レストラン花幸）

客席1階にあるレストラン花幸の「彩り御膳」。開演前に劇場での予約が便利。電話での予約は☎092-263-1881。

お弁当

昭和2年創業、博多を代表する老舗料亭「老松」のお弁当「四季彩」。電話での予約は☎092-281-2366。

博多座
周辺おさんぽMAP

①朝からでもいただける明太子料理専門店の贅沢なめんたい重。

②夜遅くまで営業している、中洲にある居心地のいいイタリアンバール。

③甘くてフワッとした、揚げてない焼きドーナツ。

④九州のおいしい魚を使った創作系のお鮨。

⑤博多座目の前。大正12年創業の老舗和菓子屋さん。

⑥最高においしい看板メニューのハンバーグカレー。

⑦酢醤油でいただくもつ鍋の名店。

幸四郎さんのオススメ！
あまの
「海鮮料理の玉手箱。イキの良さを実感できる食感です」

浅草公会堂

毎年恒例となった新春浅草歌舞伎が、下町のお正月を華やかに盛り上げます。主に勢いのある若手の花形役者が集結した座組で、チケットもお財布にやさしく敷居も低いので、初めての歌舞伎にぴったりです。

若手の研鑽《けんさん》の場であることから、演目も初心者向けのわかりやすいものが選ばれます。お楽しみは、お芝居が始まる前に毎日、役者さんが日替わりでお年玉として登場する「年始ご挨拶」。それぞれ自分の言葉で個性豊かに見どころを語ってくれます。

仲見世《なかみせ》商店街や浅草寺《せんそうじ》雷門から近いので、初詣や浅草を散策しがてら歌舞伎を楽しみましょう。

ホールには花道を設置することができます。また、公共施設なので借りることもできます。

DATA

浅草公会堂

東京都台東区浅草1-38-6　☎03-3844-7491
https://asakusa-koukaidou.net

アクセス：地下鉄銀座線「浅草」駅1番・3番出口より徒歩5分。都営浅草線「浅草」駅A4出口より徒歩7分。東武鉄道「浅草」駅北口より徒歩5分。つくばエクスプレス「浅草」駅A1出口より徒歩3分　座席数：最大1082席　※客席での飲食不可

旧《きゅう》金《こん》毘《ぴ》羅《ら》大《おお》芝《しば》居《い》（金《かな》丸《まる》座《ざ》）

国の重要文化財に指定されている香川県琴平町にある旧金比羅大芝居（金丸座）は、天保6（1835）年に建てられた、現存する日本最古の芝居小屋です。現在でも毎年4月に歌舞伎公演が開催され、全国から歌舞伎ファンが訪れて、毎回チケットが取れない人気の公演です。

木枠で仕切られた平場の枡《ます》席と桟敷《さじき》席。客席と舞台がとても近く、役者さんの息遣いを感じることができます。廻《まわ》り舞台やセリなどの舞台装置はすべて人力。この場所にいるだけで、江戸時代の芝居小屋にタイムスリップすることができます。ここでしか味わえない歌舞伎があります。

金刀比羅宮《ことひらぐう》の参道から徒歩5分のところにあるので、ぜひ、こんぴら参拝と合わせてお出かけください。

客席は平場や桟敷などがあり、平場は木枠でくくられた枡席になっています。

DATA

旧金毘羅大芝居

香川県仲多度郡琴平町乙1241　☎0877-73-3846
https://www.misonoza.co.jp/

アクセス：JR土讃線「琴平」駅・琴平電鉄琴平線「琴電琴平」駅よりタクシーで約5分。高松空港より琴平まで車で40分、町営駅前東駐車場・町営駅前西駐車場より徒歩20分　※劇場に駐車場はなし　座席数：約730席　館内見学：大人500円、中・高校生300円、小人200円　※団体割引あり　休館日：年中無休　※公演開催時は見学は休止　営業時間：9:00～17:00

康楽館《こうらくかん》

十和田湖から近い、かつて東洋一の鉱山といわれた秋田県小坂町に、鉱山で働く人の福利厚生施設として、1910（明治43）年に建てられた芝居小屋です。

現在は国重要文化財に指定され、歌舞伎をはじめ、現役の芝居小屋として使われています。人力で動かす回り舞台やセリといった伝統的な機能そのままに、さらに当時としては最先端の設備を備えた洋風意匠が取り入れられています。

毎年7月に開催される「康楽館歌舞伎大芝居」は、全国の歌舞伎ファンが来場する大人気の恒例行事です。緑豊かで明治を思わせるクラシカルな街で、手を伸ばせば届きそうな距離で感じる歌舞伎。贅沢な時間をぜひ過ごしてほしいです。

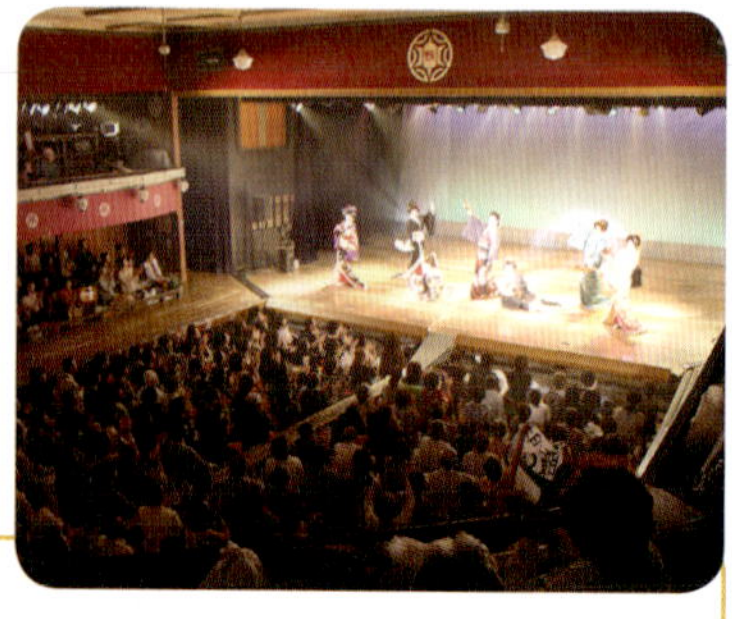

舞台を楽しむ大勢の観客。

たんぽぽ粉を練りこんで焼き上げたパウンドケーキ。

回り舞台を模して、ピーナッツなどを水飴で固めた「豆板」。

オリジナル「康楽館まんじゅう」。中は栗入りこしあん。

DATA

康楽館

秋田県鹿角郡小坂町小坂鉱山字松ノ下２番地　☎0186-29-3732
http://kosaka-mco.com/

アクセス：JR盛岡駅より高速バス「あすなろ号」青森行きで約90分、小坂高校前下車後徒歩20分またはタクシーで約3分　座席数：607名　食事：そば処（1F）　お弁当：完全予約制（3日前まで）

トイレ・車いす用トイレ：1F　館内施設：売店　館内見学：高校生以上600円、小・中学生330円 ※団体割引あり、公演開催時は見学は休止　開館時間：9:00～17:00　休館日：年末年始

出石永楽館《いずしえいらくかん》

1901（明治34）年、兵庫県豊岡市出石町に建てられた近畿最古の芝居小屋。約350席という、一体感が感じられる小さな劇場です。1964（昭和39）年にいったん閉館となりましたが、44年の月日を経て2008（平成20）年によみがえりました。

現在も歌舞伎、新派、寄席などが上演されています。廻り舞台、奈落《ならく》、花道といった貴重な劇場機構、掲げられたレトロな手書きの広告看板、柱の落書きや傷も歴史を感じさせます。

毎年恒例となった片岡愛之助さんの「永楽館歌舞伎」は、もう10年以上続けられ、出石の一大イベントとなっているそうです。

名物の出石そばと永楽館歌舞伎、一度は体験してほしいです。

趣のある館内。

永楽館の「すっぽん（p.118参照）」は、花道下の通路で役者を乗せ、人力で担ぎ上げます。

DATA

出石永楽館

兵庫県豊岡市出石町柳17-2　☎0796-52-5300
http://eirakukan.com/

アクセス：JR山陰本線またはJR福知山線の特急で「豊岡」「江原」「八鹿」駅下車、全但バス出石行きにて約30分　収容人数：368名　館内見学：入館料大人300円、学生200円、中・小学生以下無料　※団体割引あり　開館時間：9:30～17:00　休館日：毎週木曜日、12/31・1/1　※公演開催時は見学は休止

八千代座《やちよざ》

「山鹿《やまが》灯籠《とうろう》まつり」が有名な熊本県山鹿市に、1910（明治43）年、山鹿をもっと盛り上げようと地元の旦那衆が協力して設立した芝居小屋。木造2階建、枡席《ます》と桟敷席《さじき》、セリやスッポン、廻り舞台も歌舞伎の芝居小屋の様式が残っています。

　昭和40年代、廃墟化した八千代座を蘇《よみがえ》らせたのが坂東玉三郎さんでした。1990（平成2）年「坂東玉三郎舞踊公演」を成功させたことがきっかけとなり、地元の人々がさまざまな復興支援に立ち上がりました。現在は国の重要文化財に指定され、今でも現役で使われている芝居小屋です。

　周辺には、蔵として使われていた八千代座資料館「夢小蔵《ゆめこぐら》」、ロマネスク調の「山鹿灯籠民芸館」、江戸時代に開湯したという「山鹿温泉さくら湯」など歴史的建造物が多く、風情があります。

天井を埋め尽くす広告画。

人力で動かす廻り舞台。

DATA

八千代座

熊本県山鹿市山鹿1499番地　☎0968-44-4004
https://yamaga.site/?page_id=2

アクセス：JR新幹線「新玉名」駅下車、山鹿行産交バスで30分。JR鹿児島本線「玉名」駅下車、山鹿行産交バス40分　収容能力：約700人　館内見学：一般520円、小・中学生260円（八千代座および資料館見学料）※団体割引あり　開館時間：9:00～17:30　休館日：第2水曜日。年末年始（12/29～1/1）※公演開催時は見学は休止

4

着物で歌舞伎に行ってみよう

※キャプションの末尾（ ）内は商品をお借りしたお店です。お店の表記のないものは著者私物です

着物で歌舞伎に行こう

歌舞伎ほど着物を楽しめる場所はない

着物も歌舞伎もハードルが高いと思われがちですが、歌舞伎ほど着物を楽しめて勉強になる場所はないと思います。

着物を着ている人をたくさん見ることができますし、演目や役者さんにちなんだモチーフ遊びはコーディネートの練習にもなります。

正月、襲名、納涼というオケージョンを楽しむこともでき、お芝居のなかで季節を感じることもできます。

また、たくさんの本物（衣裳）に出会うことができ、初日には梨園の奥様方の素敵な着物姿も見られます。なにより、歌舞伎を観るだけでデザインや色彩の勉強になるのです。

歌舞伎の着物の「マイルール」

以前は紬《つむぎ》や綿などの太物が多かった私ですが、歌舞伎に行くようになってから、柔らかい物をおおいに着るようになりました。それまで箪笥《たんす》のこやしだった訪問着や色無地など、歌舞伎を観るようになってから着てあげられるようになりました。

何を着て行ったらいいのか相談されるときにアドバイスする「マイルール」は、次の5つです。

一、芝居を観ることが第一で、着物は二の次
二、自分が心地よくお芝居が観られるものを着る
三、まわりが気になって楽しめないくらいなら洋服にする
四、普段着ないものを着る機会として楽しむ
五、非日常を楽しむ

訪問着・付け下げ

ベージュの花丸に四季折々の花柄の訪問着に、亀甲（きっこう）柄の袋帯。トーンを統一して品良く。バッグは和洋選ばず使えるものを。
お正月、襲名披露公演など、おめでたい公演には、お祝いしたい気持ちを表して訪問着や付け下げを着ます。1等席の前方など、いつもよりちょっとお洒落して行きたいときにも。

小紋

黒地に丸紋の正絹小紋。白の博多帯と、モダンな宝焼の帯留。（帯：トリエ、帯留：サリュ）
小紋はカジュアルではありますが、なるべく品のある色や柄行きを選ぶようにしています。

さあ、何を着ていこう!?

実際に私が歌舞伎に着て行く着物は、訪問着・付け下げ、色無地・江戸小紋、小紋・紬《つむぎ》、夏は浴衣・夏着物などです。

このなかから、「劇場のカラー」「桟《さ》敷《じき》・1階・2階・3階・幕見などの席種」「新春・顔見世・花形・納涼・襲名披露・追善《ついぜん》など公演の種類」の3点を考慮して選んでいます。

江戸小紋

さわやかな水色の蔦花紋の江戸小紋に、歌舞伎テイストなチェックの名古屋帯。（着物：街着屋、帯留：トリエ）

江戸小紋・京小紋・友禅小紋・更紗小紋など小紋にもいろいろありますが、遠目で見ると色無地に見えるほどの細かい型染めの着物、江戸小紋は、小紋でありながら色無地と同等に扱われます。歌舞伎に限らず、どんなシーンにも着られ、帯次第で洋服感覚のコーディネートが楽しめます。

色無地

こっくりとしたワイン色の色無地にシンプルな網目模様の袋帯。

１枚持っていると便利な色無地。コーディネートしやすく、帯次第でどの劇場でも、どの席種でも、どの公演でも着られるので、歌舞伎には一番オススメです。

1階前方に座るときは、歌舞伎は意外と客席が明るく、舞台の役者さんからかなり見えていることも覚えておきましょう。3階のときは少し座席も狭いから快適さ重視でカジュアルに。新春公演や襲名披露公演ではお祝いの気持ちを大切にコーディネートを考えます。

ドレスコードはないけれど、こうした劇場、席種、公演の種類をコーディネートの目安にしています。

快適な観劇にするために

長時間、着物で座ったままになるので、なるべく楽に過ごせるように工夫しましょう。ポイントは3つです。

●暑さ寒さに気をつける——長襦袢《ながじゅばん》で調整・扇子を持参。

●お弁当や甘味を食べるので、帯はきつく締めすぎない。

●帯枕の硬い素材は疲れるのでソフトタイプを選ぶ。

夏着物

長板染めの蛍絞りの綿着物に、麻の大胆なとんぼ柄の名古屋帯。(着物：トリエ)

夏着物

京都の型友禅のペイズリー柄の正絹絽(しょうけんろ)、さわやかな白の羅(ら)の帯。(ともにトリエ)
暑さに負けず、夏こそ涼しげな着こなしで歌舞伎に行きたいもの。夏でも私は足袋&衿付きで行くようにしています。

単衣の着物

正絹、伊勢型紙に阿波藍染（あわあいぞめ）の単衣（ひとえ）の着物に、麻の刺繍帯。ガラスの帯留を合わせて。夏にぴったりの手編みのクロシェバッグ。（帯留：トリエ、バッグ：junco ko-bo）

演目にちなむ

「着物で歌舞伎」のお楽しみは、演目にちなんだコーディネートを考えること。誰にも気づかれない可能性もありますが、いいんです。ちょっとした「ちなみアイテム」を身につけているだけで、役者さんを応援している気持ちになります。自分も歌舞伎に参加しているような感覚がよいのです。

竹と雀

『伽羅先代萩《めいぼくせんだいはぎ》』

伊達騒動のお話がベースとなっている『伽羅先代萩』には、髭紬（ひげつむぎ）地に水墨画のような竹の名古屋帯と、雀が戯れる帯留で。竹と雀紋は伊達家の家紋です。（帯留：街着屋）

千鳥

『平家女護島《へいけにょごのしま》～俊寛《しゅんかん》』

流罪となった俊寛は、迎えに来た船に仲間の妻となった海女の千鳥を乗せ、自分は孤島にひとり残ることを決意します。千鳥にちなんで、千鳥柄の銀駒刺繍の麻の八寸帯。（トリエ）

うろこ

『京鹿子《きょうかのこ》 娘《むすめ》 道成寺《どうじょうじ》』

鐘供養に訪れた白拍子（しらびょうし）花子が、何度も衣裳を変えながら踊る演目。最後に裏切った男を恨む清姫の霊が現れ、白いうろこ柄の衣装に変わって蛇体の正体を現します。うろこ柄の利休バッグを携えて。（井澤屋）

鯉

『鯉《こい》つかみ』

主人公が本物の水を浴びながら鯉の精と闘う鯉退治の大立廻りが見どころ。迫力ある鯉の手ぬぐいと鯉のモチーフの帯留。（手ぬぐい：にじゆら）

藤

『藤娘《ふじむすめ》』

見事な藤の木の下で、藤の刺繍の衣裳に藤のかんざし、藤のひと枝を手にした藤の精が、娘の恋心を踊ります。私も藤柄の塩瀬帯で。（井澤屋）

獅子《しし》と牡丹

『春興鏡《しゅんきょうかがみ》獅子《じし》』

前半は美しい女小姓、後半は獅子の精の毛ぶりは見応えがあります。獅子が牡丹の花の中で舞い遊びます。連獅子の毛ぶりの塩瀬帯、牡丹の清水焼帯留。（帯留：井澤屋）

桜と鼓《つづみ》

『義経千本桜《よしつねせんぼんざくら》』

静御前の鼓の皮にされた親狐を慕う子狐は、佐藤忠信に化けて吉野山の川連法眼（かわつらほうげん）の館へ。4段目「川連法眼館」は大人気の場面です。桜のちりめん小物入れ、義経千本桜「初音の音」帯留、鼓の根付。（小物入れと帯留：井澤屋）

桜とねずみ

『祇園祭礼信仰記《ぎおんさいれいしんこうき》～金閣寺』

桜が咲き誇る演目はいろいろあります。『金閣寺』では、桜の木に縛られた雪姫が、桜の花びらをかき集め、足でねずみの絵を描きます。桜モチーフのかんざしと、ねずみの銀の帯留。（かんざし：街着屋、帯留：T.O.D）

役者にちなむ

好きな役者さんが見つかったら、影ながら応援するべく、その役者さんにちなんだモチーフを取りこんで、着物で歌舞伎を楽しんでみてください。まずは、それぞれのお家の家紋の手ぬぐい1枚からでもよいと思います。

澤瀉屋《おもだかや》

定紋（じょうもん）はオモダカの葉をモチーフにした紋ですが、市川猿之助さんだけは替え紋に名前の猿をモチーフに「三ツ猿」の紋を使います。猿の銀の帯留は『三番叟（さんばんそう）』のときにも。（T.O.D）

成田屋《なりたや》

成田屋の定紋の「三升（みます）」、歌舞伎十八番のひとつ『助六』の傘と下駄という名古屋帯。（京たまゆら）

市川海老蔵さんファンは、ぜひリアル海老帯留を。（街着屋）

七代目團十郎（だんじゅうろう）が好んだコウモリをかたどった帯留。（T.O.D）

高麗格子（こういごうし）、市川染五郎の紋・三ツ銀杏、弁慶の衣裳にある梵字（ぼんじ）をデザインした名古屋帯。（トリエ）

高麗屋《こうらいや》

松本幸四郎さん、松本白鸚（はくおう）さんの「松」にちなんで、銀の帯留。お正月にも。（T.O.D）

音羽屋《おとわや》

菊の刺繍の半衿。（街着屋）

菊をかたどった珊瑚（さんご）の帯留。

尾上菊五郎さん、菊之助さんの「菊」にちなんで、秋らしい菊の塩瀬帯。（井澤屋）

山城屋《やましろや》

坂田藤十郎さんの定紋は「五つ藤重ね星梅鉢（いつつふじかさねほしうめばち）」。家紋そのままでなくても、山城屋さんのときは、梅いっぱいの半衿など梅モチーフで。（街着屋）

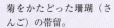

column-3

歌舞伎と手ぬぐい

木綿の栽培ができるようになった江戸時代、手ぬぐいが一般庶民にも手が届くようになりました。

当時、歌舞伎は流行の最先端。役者さんが着た衣裳の柄はすぐに人気となり、役者同士も競いあってオリジナルの柄を作り出し、手ぬぐいや浴衣として庶民に大流行しました。

企業がPR用に名入れ手ぬぐいなどをお得意様に贈る「お配り文化」は、江戸中期に歌舞伎役者が襲名披露やお正月のご挨拶に贔屓筋《ひいきすじ》に贈ったのが始まりともいわれています。

菊五郎格子
三代目尾上菊五郎が、縦4本横5本、計9本の縞を交差させ、その間に「キ」と「呂」の字を入れ「キ九五呂＝菊五郎」と読ませました。

芝翫縞（しかんじま）
初代中村芝翫(三代目中村歌右衛門)が4本の縞の間に楕円の鐶（かん）繋ぎを配置して「四鐶（しかん＝芝翫)」と読ませ、衣裳に用いて流行。

中村格子
6本の線を「六＝む」と読ませ、「中」と「ら」を配して「中村」と読ませます。

かまわぬ
七代目市川團十郎が「鎌」「丸輪」「ぬ」の字を配し「かまわぬ」と読ませた衣裳を着て大流行。

よきこときく
三代目尾上菊五郎が「斧（よき）」「琴」「菊」の字または絵を配して「よきこときく」と読ませました。

四ツ花菱
高麗屋（こうらいや）の定紋です。

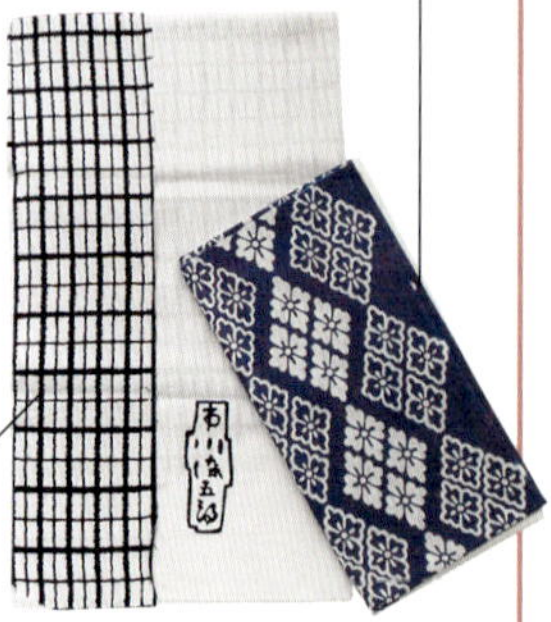

高麗格子
四代目松本幸四郎が「鈴ヶ森」の幡随院長兵衛（ばんずいいんちょうべえ）の役を演じた折、羽織った合羽に用いて流行し、名付けられました。

5

歌舞伎の行事を楽しもう

年中通してどこかで歌舞伎は上演されていて、その季節に応じて、さまざまな行事が行われています。歌舞伎を観ると同時に、こうした行事も一緒に楽しむのもオススメです。

浅草

1月

鏡開き

【浅草公会堂】

新春浅草歌舞伎の初日の朝は、毎年恒例の鏡開き。朝からたくさんの人が浅草公会堂前に集まります。若手歌舞伎役者が一人一人挨拶をし、鏡開きをします。そのあと、振舞い酒が配られます。

鏡開きは国立劇場でも行われます。

国立劇場

1月

獅子舞《ししまい》

【国立劇場】

国立劇場の新春の公演では、初日

（3日）から7日まで、獅子舞が行われます。ロビーには繭玉《まゆだま》をあしらった口上看板や大凧、劇場正面には酒樽が飾られ、初日には鏡開きや曲芸などのお正月ならではの晴れやかな催しが。また公演中、役者さんたちが舞台から手拭いまきを行います。

1月 木遣《きや》り始《はじ》め

【歌舞伎座】

年始（例年1月6日頃）に、歌舞伎座1階ロビーで行われる木遣り始め。江戸の火消し伝統文化伝承の会の方々が、威勢のいい纏《まとい》振りや木遣り唄を披露してくださいます。無形文化財に指定されている町火消しの文化「江戸の鳶《とび》木遣」を聞ける貴重な機会と同時に、新年のおめでたい気分に浸れます。

歌舞伎座

1月 総見《そうけん》

【浅草公会堂】

毎年恒例、浅草総見の日はひときわ華やか。黒の引き振袖姿の芸者衆が人力車でぞくぞくと集まります。ずらりと劇場の階段に並んでお客様を出迎えてくれるのは、浅草ならではです。

正月以外でも、南座、大阪松竹座、御園座、博多座などでは花街の総見が行われます。

浅草

2月

節分追儺《ついな》式

【歌舞伎座・博多座】

1年の無病息災、厄除《やくよ》け招福を願っての節分追儺式は、大盛り上がりの恒例行事。「福は内！　鬼は外！」の掛け声で、出演者たちが舞台から大入り袋に入った豆を客席に向かってまきます。

2月

初午祭《はつうまさい》

【歌舞伎座】

お稲荷さんの初午祭または二の午祭にあわせて、歌舞伎座稲荷神社、歌舞伎座内、木挽町《こびきちょう》広場、楽屋に地口行灯《じぐちあんどん》が飾られます。歌舞伎座稲荷神社に参拝すると、お神酒《みき》と紅白のお餅入りの温かいお汁粉が振る舞われます。

地口行灯の風習は江戸時代から行われており、「地口」とはことわざなどをもじった洒落のこと。

こんぴら

4月

お練り

【旧金毘羅大芝居（金丸座）】

毎年4月、四国の旧金毘羅大芝居《きゅうこんぴらおおしばい》（金丸座《かなまるざ》）で開催されるこんぴら歌舞伎。初日の前日に金刀比羅宮《ことひらぐう》の御本宮拝殿で成功祈願が行われ、そのあと出演者たちが人力車に乗り、琴平町を練り回ります。

毎年、たくさんのファンが詰めかけ、大賑わいの行事です。

博多

5月

船乗り込み

【博多座】

博多座が開場した1999年から開催されている、博多の初夏の恒例行事。キャナルシティ博多での乗船式典のあと、6月大歌舞伎に出演する役者さんたちが船に乗りこみ、博多川をゆっくりと下りながらご当地に到着したことを知らせます。

清流公園から博多リバレインまでの約800メートルが、たくさんの人で埋め尽くされます。

6月

船乗り込み

【大阪松竹座】

毎年恒例、6月末に、大阪松竹座7月公演の役者お披露目に開催される船乗り込み。天満橋から道頓堀《どうとんぼり》へゆっくりと進みます。

この船には、抽選で一般の方も乗ることができるので、募集をチェックしましょう。船を降りると式典が行われます。

7月

七夕の笹飾り

【歌舞伎座】

七夕までの数週間、歌舞伎座の木《こ》挽町《びきちょう》広場には大きな笹飾りが設けられ、願いごとが書かれた数千枚もの短冊が飾られます。

短冊は、歌舞伎稲荷の神事を執り行っている鐵砲洲《てっぽうず》稲荷神社の宮司に、お清めと諸願成就を祈ってお焚き上げしてもらうそうです。

大阪

8～9月 まねき上げ 【御園座】

御園座では、毎年10月の「吉例顔見《きちれいかおみ》世《せ》興行」の成功を祈願して、8月末～9月頃に、出演者の名前を書いた看板を掲げるまねき上げが行われます。

名古屋

11月 まねき書き・まねき上げ 【南座】

南座の12月「吉例顔見世興行」を前に、長さ約1・8メートル、幅約30セ

京都

書家・井上優さんによるまねき書き。2018（平成30）年12月「吉例顔見世興行」より。

ンチの檜《ひのき》の板に、出演の役者さんの名前を勘亭《かんてい》流と呼ばれる独特の書体で書きます。隙間なく文字が書かれるのは、劇場いっぱい大入りになるようにという願いがこめられています。

　書き上げられた「まねき」は、南座の正面に掲げられます。

12月 顔見世の竹馬 【南座】

　南座の顔見世ならではの「竹馬」。南座の顔見世では、ご贔屓筋《ひいきすじ》から竹馬が贈られロビーに飾られます。南座ならではの風情です。

2018（平成30）年12月「吉例顔見世興行」より。

column-4

歌舞伎役者のファンクラブ

歌舞伎役者さんは、早い人だと初お目見えの２歳から生涯現役。親子代々続いて長いスパンで応援できるのも歌舞伎のよいところです。役者さんがいくつであっても、その年齢だからこそできる役があり、芝居があり、常に舞台は生であるからこそ、その年齢のその役はそのときにしか観ることができません。そういう感覚で応援するのは歌舞伎独特だなあと思います。

役者さんによってファンクラブの運営方針はそれぞれですが、一般的には「優先的にチケットが取れる」「主催のイベント・茶話会などで本人に会える」「会報誌やメルマガが届く」「オリジナル会員証、記念品がもらえる」などの特典があります。

幸四郎さんのファンクラブ「高麗倶楽部《こまくらぶ》」では、チケットの優先予約やメルマガのほか、年に１回、パーティーが開かれます。幸四郎さんが参加者のテーブルをまわったり、直接質問に答えてくれたりとファンのための楽しい企画が満載で、お土産には趣向を凝らした高麗屋オリジナルグッズも。そして、お正月には幸四郎さんが描いた干支《えと》の年賀状が、誕生日には幸四郎さんからお祝いのメッセージがメールで届きます。

ファンクラブに入ると、役者さんとの距離がとても近く感じられてうれしいものです。入会の情報などは、各役者さんのホームページ、または劇場入口の役者さん受付で問い合わせてみてください。

▲幸四郎さんが描いた干支の年賀状。

◀高麗格子があしらわれたオリジナルグッズ。

6

歌舞伎のお約束を知ろう

お約束 1

上演は4時間で複数の演目

歌舞伎は1回の公演時間がおよそ4時間の長丁場。4時間のあいだに、30分〜90分ぐらいの演目を3つ程度上演するのが基本的なスタイルです。

見取りと通し

歌舞伎の演目は、最初から最後まで上演すると丸一日かけないと終わらないほど時間がかかるものもあります。そこで、クライマックスや人気がある場面を切り取って複数組み合わせて上演するスタイルが一般的で、これを「見取り」といいます。

これに対し、ひとつの演目を通して上演する方式を「通し」といいます。

『暫』

歌舞伎きってのスーパーヒーロー。一番の見どころは花道の出。怒りを表現した隈取（くまどり）、大きなかつらや衣裳、2メートルもの大太刀とすべてが豪快。

鎌倉権五郎＝市川海老蔵

演目にはさまざまな分け方がありますが、シンプルなのは「時代物」「世話物」「所作事《しょさごと》」の3つに分ける方法です。見取りの場合はこの3種類の演目がバランスよく入り、バラエティにとんだ楽しみ方ができるのが魅力です。

歌舞伎らしい豪快な演目を

ビギナーの方には、『暫《しばらく》』『鳴神《なるかみ》』『勧進帳《かんじんちょう》』『矢《や》の根《ね》』『毛抜《けぬき》』といった、時代物のなかでも歌舞伎らしい豪快な演目を楽しんでいただきたいと思います。これらは、七代目市川團十郎《だんじゅうろう》が市川家代々のお家芸として18演目を制定した「歌舞伎十八番」に入っているものです。

『勧進帳』
弁慶と富樫のやりとり「山伏問答」、迫力ある弁慶の「延年の舞」、最大の見せ場は飛ぶように花道を引っこむ「飛び六方（ろっぽう）」。
武蔵坊弁慶＝松本幸四郎

元禄時代以降、歌舞伎は大きく京都や大阪の柔らかな「和事《わごと》」と江戸の豪快な「荒事《あらごと》」の流れに分かれ、歌舞伎十八番は代表的な荒事です。

時代物

「時代物」とは、歌舞伎が発祥した江戸時代から見たときの呼び方です。つまり、設定が江戸時代よりも古い室町・鎌倉・平安時代などで、主に武家や公家の社会を描いたお話になります。

時代物のなかで、「三大名作」と呼ばれる演目があります。源平合戦後、実は生きていた平家の武将たちと源義経を描く『義経千本桜《よしつねせんぼんざくら》』、有名な赤穂《あこう》浪士《ろうし》の討ち入りを描く『仮名手本忠臣蔵《かなでほんちゅうしんぐら》』、太宰府《だざいふ》に流された菅原道真の事件を背景に3つ子兄弟の葛藤を描く『菅原伝授手習鑑《すがわらでんじゅてならいかがみ》』の3つです。

『義経千本桜』

全五段あるなかで、二段目「渡海屋（とかいや）」「大物浦（だいものうら）」、三段目「すし屋」、四段目「道行初音旅（みちゆきはつねのたび＝写真）」「川連法眼館（かわつらほうげんやかた）」が上演されることが多い。

右より佐藤忠信＝市川猿之助、静御前＝七代目市川染五郎（現松本幸四郎）

時代物の三姫

赤綸子《りんず》に豪華な金銀の刺繍がほどこされた緋色の振袖は、武家の姫様の目印。総称して「赤姫《あかひめ》」と呼ばれます。この色には、一途な恋に燃える情熱も表現されています。

気品をもちながらも激しさを表現する難しい女方《おんながた》のお役として、『本朝廿《ほんちょうにじゅう》四孝《しこう》』の八重垣《やえがき》姫、『金閣寺』の雪姫、『鎌倉三代記』の時姫があり、「三姫」と呼ばれています。

『本朝廿四孝』

見どころは、八重垣姫の勝頼へのモーレツアタック恋心。「十種香（じゅしゅこう）」の場面では、実際にお香が焚かれ、場内にその香りが漂います。

八重垣姫＝坂東玉三郎

世話物の超絶色男

「世話物」は江戸時代の人々にとっての現代劇。大工や魚屋、侠客《きょうかく》や遊女など、庶民の日常生活や世相風俗を扱ったお話です。また、当時世間を騒がせた心中事件や殺人事件を題材にしたものも。テレビもない時代、歌舞伎はワイドショー的な存在でもあり、話題の事件はすぐに上演されたのです。

世話物には超絶色男が数多く登場します。『女殺油地獄《おんなごろしあぶらじごく》』の与兵衛《よへえ》、『御所《ごしょの》五郎蔵《ごろぞう》』の五郎蔵、『与話情浮名横櫛《よわなさけうきなのよこぐし》』の与三郎《よさぶろう》、『廓文章《くるわぶんしょう》』の伊左衛門《いざえもん》……これらの演目がかかると私は観に行かずにいられません。

『女殺油地獄』

油屋の放蕩（ほうとう）息子、与兵衛と人妻お吉の油まみれになっての殺し場は、色気と鬼気に迫る名場面です。

与兵衛＝松本幸四郎

世話物には、大阪の大店（おおだな）が舞台の悲恋ものが多い上方の世話物と、江戸の町を舞台に庶民が活躍するものが多い江戸の世話物があります。

豪華絢爛《けんらん》な花魁《おいらん》たち

世話物の女方《おんながた》といえば、『廓文章』の夕霧《ゆうぎり》、『籠釣瓶花街酔醒《かごつるべさとのえいざめ》』の八ツ橋《やつはし》など、豪華絢爛な花魁も見逃せません。

花魁は、美貌と教養をあわせもつ最高クラスの遊女で、気品と風格が必要となる女方の大役です。

花魁の衣裳は、かつらも合わせて30キロにもなるとか。息を呑むような美しい花魁が、30センチの高さの三歯《みつば》下駄を履いてゆっくりと歩く花魁道中は必見です。

『廓文章』

大阪の商屋の若旦那、伊左衛門が美しい遊女、夕霧に恋をして廓通い。２人の恋模様を描いた上方の世話物です。

夕霧＝中村七之助

『鷺娘』

白鷺の精が娘姿となって雪景色の中で踊る姿はとても幻想的。衣裳の「引き抜き」や「ぶっ返り」などの演出がある舞踊劇です。

鷺の精＝中村壱太郎

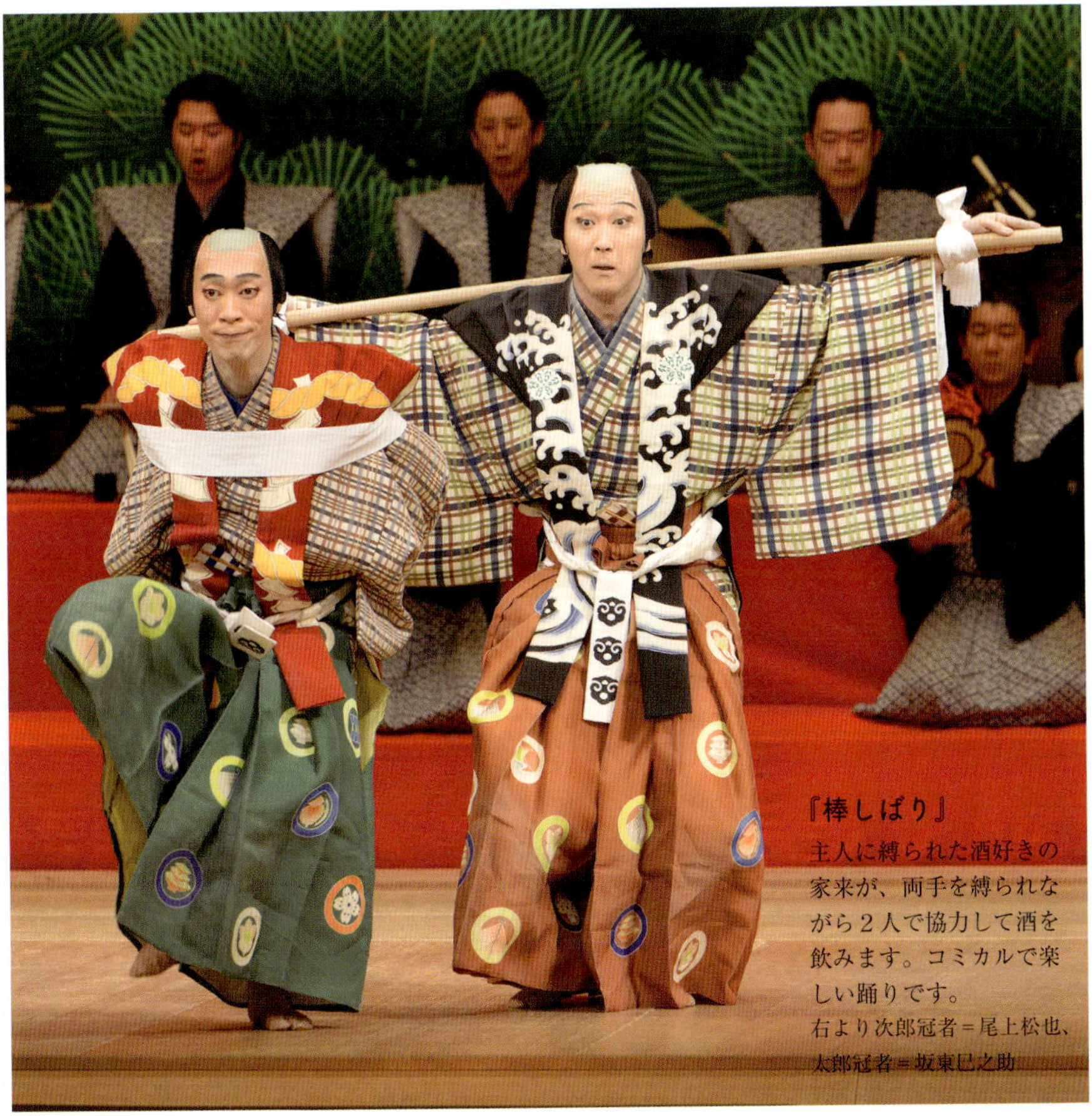

『棒しばり』
主人に縛られた酒好きの家来が、両手を縛られながら２人で協力して酒を飲みます。コミカルで楽しい踊りです。
右より次郎冠者＝尾上松也、太郎冠者＝坂東巳之助

所作事《しょさごと》とは舞踊のこと

「所作事」とは歌舞伎の舞踊のこと。足拍子がよく響いて踊りやすいように、舞台に「所作台」と呼ばれる檜《ひのき》板を並べて踊ります。日本舞踊に縁のなかった私ですが、歌舞伎で初めて観て迫真の踊りにひきこまれ、すっかり夢中になりました。

『鷺娘《さぎむすめ》』『藤娘《ふじむすめ》』『京鹿子娘道成寺《きょうがのこむすめどうじょうじ》』……舞踊には女方《おんながた》が踊る演目がたくさんあります。踊りはもちろん、艶《あで》やかな衣裳、舞台、音楽など、総合芸術としての美しさに目を見張ります。

また、コミカルな舞踊もあります。『身替座禅《みがわりざぜん》』『棒しばり』『高坏《たかつき》』『操《あやつ》り三番叟《さんばんそう》』など、これらはとくにビギナーの方におすすめ。時間もそれほど長くなく、可笑しみあふれる軽妙な踊りを楽しく観ることができます。

明治以降の新歌舞伎

江戸時代から明治前半に作られた時代物、世話物、所作事を総称して「古典歌舞伎」といいます。

これに対し、明治後半以降に作られたものを「新歌舞伎」と呼びます。岡本綺堂《きどう》、坪内逍遥《しょうよう》、真山青果《まやませいか》、山本有三、菊池寛《かん》、谷崎潤一郎など劇場に所属しない小説家、翻訳家、評論家などが脚本を書くようになりました。

江戸時代の荒唐無稽《こうとうむけい》なお芝居に比べ文学性が高く、心理描写を描いた人間模様を味わうことができます。『源氏物語』『番町皿屋敷《ばんちょうさらやしき》』『桐一葉《きりひとは》』『若き日の信長』などがあり、なかでも私は『元禄忠臣蔵《げんろくちゅうしんぐら》』や『修禅寺物語《しゅぜんじものがたり》』などの、美しい日本語で語られるセリフ劇が大好きです。

『元禄忠臣蔵』

昭和になってから劇作家、真山青果によって書かれた忠臣蔵です。

右より大石内蔵助＝中村吉右衛門、磯貝十郎左衛門＝中村錦之助

もっとも新しい新作歌舞伎

最近、新しくできた作品を「新作歌舞伎」と呼んでいます。現代の私たちにはおなじみの江戸川乱歩や夢枕獏《ゆめまくらばく》などの小説を歌舞伎にしたり、三谷幸喜、串田和美、野田秀樹、宮藤官九郎といった脚本・演出家が新しい歌舞伎を作り出しています。

また、人気漫画やアニメ映画を歌舞伎にしたスーパー歌舞伎Ⅱ『ワンピース』、新作歌舞伎『ＮＡＲＵＴＯ―ナルト―』『風の谷のナウシカ』など、伝統を守りながら生み出される新しい歌舞伎もあります。

その時代、時代で傾《かぶ》いて新しいものを作っていくのが歌舞伎としたら、新作歌舞伎がいつか古典となる日も来るのかもしれません。そんな視点で観ると新作歌舞伎がさらに楽しくなります。

『阿弖流為＜アテルイ＞』作：中島かずき、演出：いのうえひでのり

『野田版 桜の森の満開の下』作・演出：野田秀樹
（シネマ歌舞伎として上映されたときのポスター）

『NARUTO-ナルト-』原作：岸本斉史
脚本・演出：G2
©岸本斉史 スコット／集英社・『NARUTO-ナルト-』歌舞伎パートナーズ

『ワンピース』原作：尾田栄一郎、脚本・演出：横内謙介、演出：市川猿之助、スーパーバイザー：市川猿翁
©尾田栄一郎／集英社・スーパー歌舞伎Ⅱ『ワンピース』パートナーズ

お約束 2

物語が終わらないで終わる

普通のお芝居なら最初から始まって結末まで上演されて完結しますが、歌舞伎は話の途中で始まって終わらないまま終わるのが大きな特徴です。

具体的には、たとえば三大名作のひとつ『仮名手本忠臣蔵《かなでほんちゅうしんぐら》』は、赤穂浪士《あこうろうし》の実話をもとに、「大序《だいじょ》」から「松の廊下の刃傷《にんじょう》」の場面を経て、「大詰《おおづめ》」討ち入りまで十一段もあるお話なのです。

江戸時代は丸一日かけて通しですべて上演していたそうですが、現在は人気のある場面を選んで上演されます。めったにかからない場面もありますし、役者を変えてそれぞれの家の型で何度もかかる人気の場面もあります。

『仮名手本忠臣蔵』

浄瑠璃のヒット作から歌舞伎になり、江戸時代からくり返しくり返し上演されてきた大作です。右より塩冶判官＝中村梅玉、大星由良之助＝九代目松本幸四郎

見取りは、壮大な物語の途中から始まって途中で終わるわけで、歌舞伎を初めて観る友人にはいつも「えっ、これで終わり?」と驚かれます。

『寿曽我対面《ことぶきそがのたいめん》』
お正月や襲名披露など、おめでたいときに毎年のようにかかる江戸歌舞伎で、舞台は鎌倉時代です。
右より曽我十郎＝片岡孝太郎、曽我五郎＝片岡愛之助

お約束 3

物語の設定はほぼ明治以前

江戸時代から明治前半に作られた古典歌舞伎と、明治後半以降に作られた新歌舞伎の両方をあわせても、物語の設定のほとんどは明治時代以前です。

歌舞伎は常に、幕府から厳しい取り締まりを受けてきました。ゆえに政治色が強いお芝居、反幕府と誤解されないよう、たとえば『仮名手本忠臣蔵』のような実話も、時代や場所、人物の名前を変えた別の物語として上演されました。それもまた、歌舞伎が生き残っていくための知恵と工夫だったのです。

対して、規制がなくなった明治以降に書かれた作品には、歴史上の人物の名前がそのまま登場します。

お約束 4 女性の役も男性が演じる

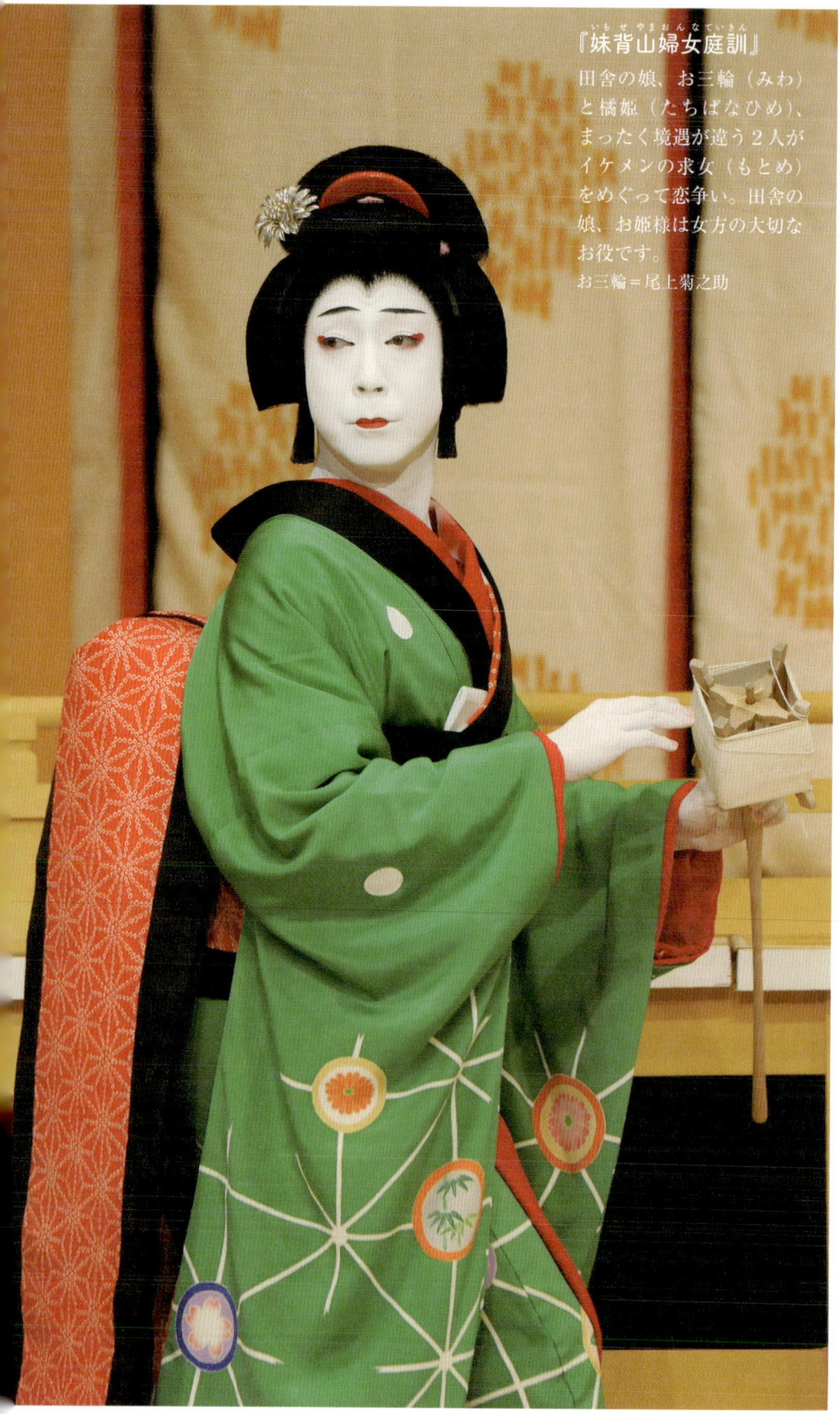

『妹背山婦女庭訓《いもせやまおんなていきん》』
田舎の娘、お三輪（みわ）と橘姫（たちばなひめ）、まったく境遇が違う２人がイケメンの求女（もとめ）をめぐって恋争い。田舎の娘、お姫様は女方の大切なお役です。
お三輪＝尾上菊之助

女方《おんながた》の始まり

女性の役も男性が演じるのが、歌舞伎の大きな特徴のひとつです。女方を専門にやる方も、女方と立役《たちやく》（男性の役）の両方を演じる方もいます。

もともと歌舞伎は、１６０３年、出雲大社の巫女《みこ》出身といわれた出雲阿国《いずものおくに》のかぶき踊りが始まり。女性の舞踊を中心に「女歌舞伎」として発展しましたが、風紀を乱すということで幕府により禁止されてしまいます。その女歌舞伎に代わり、まだ元服前の美少年の若衆《わかしゅ》が担い手となる「若衆歌舞伎」が流行しますが、またしても幕府から禁止されてしまいます。

その後、前髪を剃り落とした成人男性が演じる「野郎歌舞伎」が始まり、女方も登場しました。これが現在に伝わる歌舞伎の形の始まりです。女方の基礎は、江戸時代前半、初代芳沢《よしざわ》あやめが築いたといわれています。

女性が女性を演じるときの生々しさがないのに、ずっと女性より女性らしい——普通のお芝居を観ていた私には、歌舞伎の女方は衝撃でした。

男性が演じることで体を小さく丸く見せる、指の動きや首の動きを使って繊細な女性の色気を出すという形、演技法ができあがっているからなのですね。女方を見ていて思わず、ほぉ～と見惚れてしまうときがあります。

女方の役柄には、「娘」「赤姫」「傾《けい》城《せい》（遊女）」「世話女房」「片はずし（武家の女性）」「女武道（武芸に秀でた女性）」「老《ふ》け女方《おやま》」などがあります。

傾城の代表。『助六所縁江戸桜（すけろくゆかりのえどざくら）』の揚巻（あげまき）。（麻の葉）

舞踊の人気演目『藤娘』。（麻の葉）

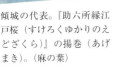

立役《たちやく》の種類

歌舞伎の男性役を「立役」といいます。代表的な立役に「実事《じつごと》」「和事《わごと》」「荒事《あらごと》」があります。

実事は実直で誠実、判断力があって、思慮深く問題に立ち向かっていきます。『実盛物語《さねもりものがたり》』の斎藤別当実盛《さいとうべっとうさねもり》、『仮名手《かなで》本忠臣蔵《ほんちゅうしんぐら》』の大星由良之助《おおぼしゆらのすけ》などが代表的です。

和事は、上方で初代坂田藤十郎《とうじゅうろう》が確立させた、物腰柔らかで優美な役柄。何かの事情で身をやつしている高貴な身分の人や、頼りない商家の若旦那（『心中天網島《しんじゅうてんのあみじま》』の紙屋治兵衛《かみやじへえ》、『廓《くるわ》文章《ぶんしょう》～吉田屋』の伊左衛門《いざえもん》など）がそれにあたります。

荒事は、初代市川團十郎《だんじゅうろう》が確立させて江戸で人気を得た、豪快でおおらかな正義の味方のスーパーヒーロー。歌舞伎十八番の主人公、『菅原伝授《すがわらでんじゅ》手習鑑《てならいかがみ》』の梅王丸《うめおうまる》などです。

荒事の代表『矢の根』の曽我五郎。（麻の葉）

実悪の代表『伽羅先代萩』の仁木弾正。（麻の葉）

ほかに、『東海道四谷怪談』の民谷《たみや》伊右衛門《いえもん》のような色気たっぷりの男前だけど悪い奴（色悪《いろあく》）、『伽羅先代萩《めいぼくせんだいはぎ》』の仁木弾正《にっきだんじょう》に代表される謀反《むほん》を企む大悪人（実悪《じつあく》）、『仮名手本忠臣蔵』七段目の大星力弥《おおぼしりきや》など成人前の若い前髪のあるイケメン（若衆《わかしゅ》）といった役柄もあります。

私は歌舞伎の立役を観て、「大人の男の色気とはこういうことなのか！」と学びました。

『実盛物語』
『忠臣蔵』の大星由良之助と同様、実盛も立役のなかでの「実事」。常識的でとても思慮深い、肚（はら）のすわった役柄です。
斎藤別当実盛＝片岡仁左衛門

お約束 5 独特な演出がある

歌舞伎には、衣裳が瞬時に変わる「引き抜き」や「ぶっ返り」といった独特の演出方法があります。

なかでも「けれん」と呼ばれる奇抜な演出には、役者が宙を舞う「宙乗り」、一瞬にして扮装が変わる「早替り」、舞台上で本物の水を使う「本水《ほんみず》」、空中に浮かぶ葛籠《くずかご》から突然、役者が飛び出してくる「葛籠抜け」などがあり、アッと息を飲むような楽しいしかけで魅せてくれます。

じっくり深い演目もいいですが、ビギナーの方には楽しいしかけの演目も入りやすいと思います。

宙乗り

宙乗りは3階に引っこんでいくので、宙乗りがあるときは2階、3階席が人気となります。

『義経千本桜』源九郎狐＝市川猿之助

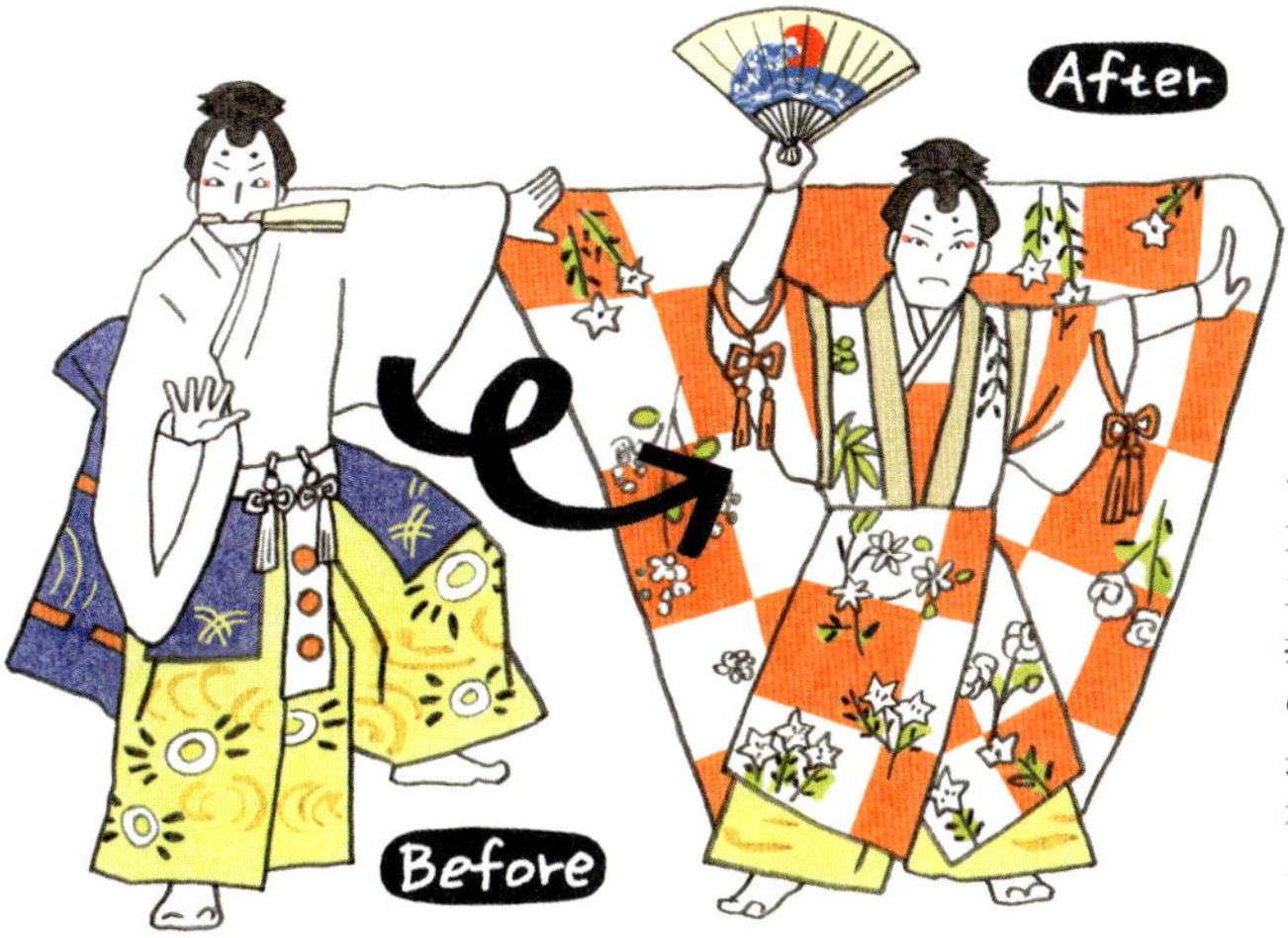

ぶっ返り

重ね着した衣裳に細工がしてあり、糸を抜くと一瞬で、衣裳の上半身がひっくり返って垂れ下がり、本性をあらわすことを表現します。

早替り

ひとりの役者が一瞬で違う役に変わります。『伊達の十役』では、ひとりで男女10役を40回以上、早替りで演じ分けます。

すべて七代目市川染五郎（現松本幸四郎）

お約束 6 特殊なメイクをする

隈取《くまどり》

歌舞伎独特の舞台メイク「隈取」は、荒事《あらごと》の様式美を表現するのに欠かせない手法です。隈取を始めたのは初代市川團十郎《だんじゅうろう》、完成させたのは二代目市川團十郎といわれ、現在もこの化粧法が受け継がれています。

隈取は単なる化粧ではなく、解剖学をもとに血管や筋肉の隆起を誇張して描かれています。使われる色はおもに紅、藍、茶。この3色をベースに50種類以上の隈取があるそうです。紅は正義や勇気のスーパーヒーロー、藍や茶は邪悪、非道な適役、茶は亡霊、魔物、妖怪などを表し、色や種類によって、

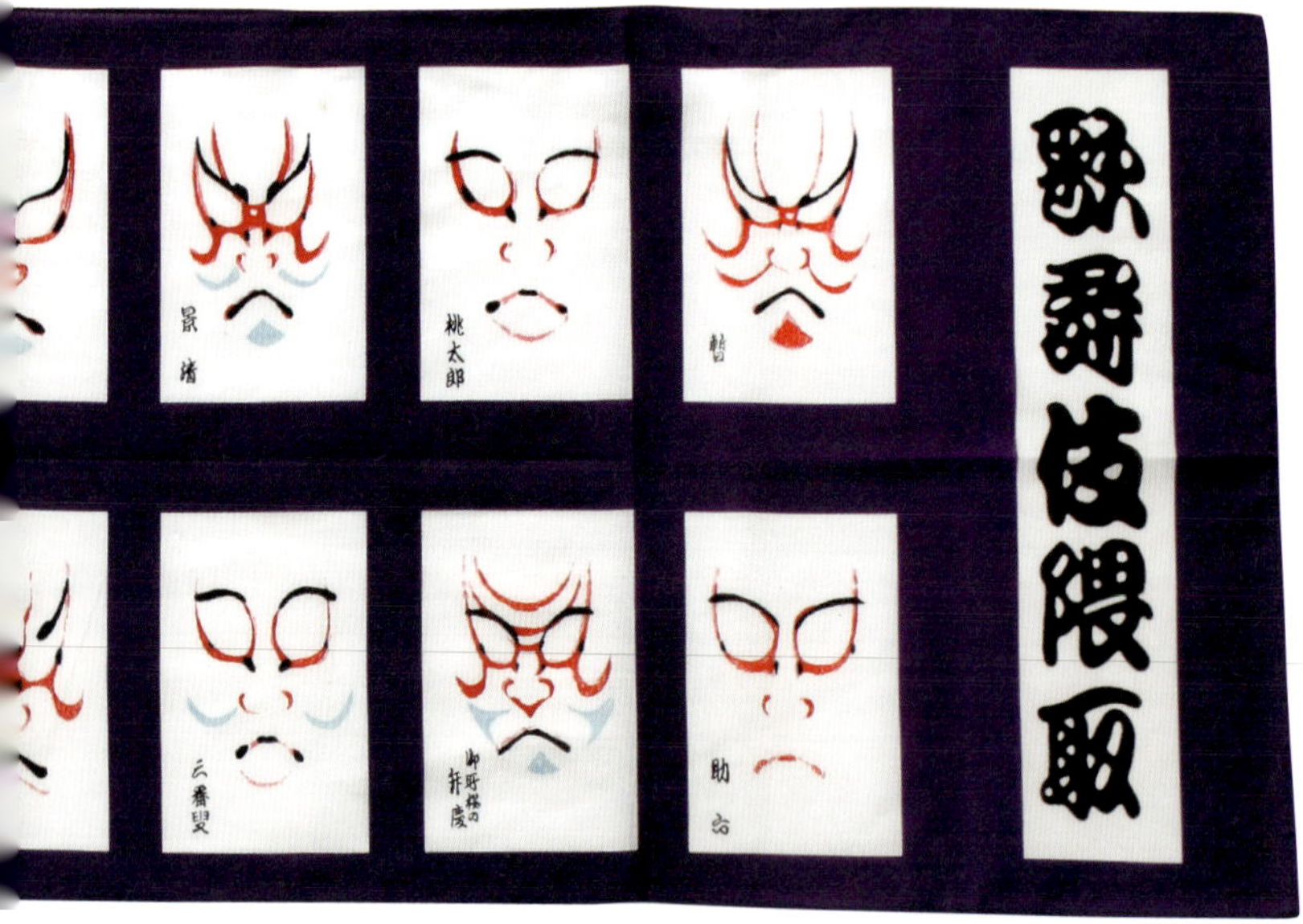

顔の色の種類

白塗り

赤っ面

肌色（砥の粉）

おおよそ、その役が善人か悪人か魔物かがわかるようになっています。

ほかにも、鯰《なまず》のような形のひげや朝顔の葉などを描いたユーモアたっぷりの戯隈《ざれぐま》などがあります。

顔の色

隈取以外に顔の色でも、その役の性根がわかります。白塗りは貴人、善人や色男。ほかに美男の悪人である色悪《いろあく》も白塗りです。「砥《と》の粉《こ》」と呼ばれる粉を使った肌色は、一般的なリアルな大人。赤色はエネルギッシュな敵役で、「赤っ面《つら》」と呼ばれる役は悪人の家来や手下のキャラクターです。

歌舞伎は隈取や顔の色などで役の性根がわかるように工夫されていて、見た目で判断できますので、ぜひ顔の色もチェックしてみてください。

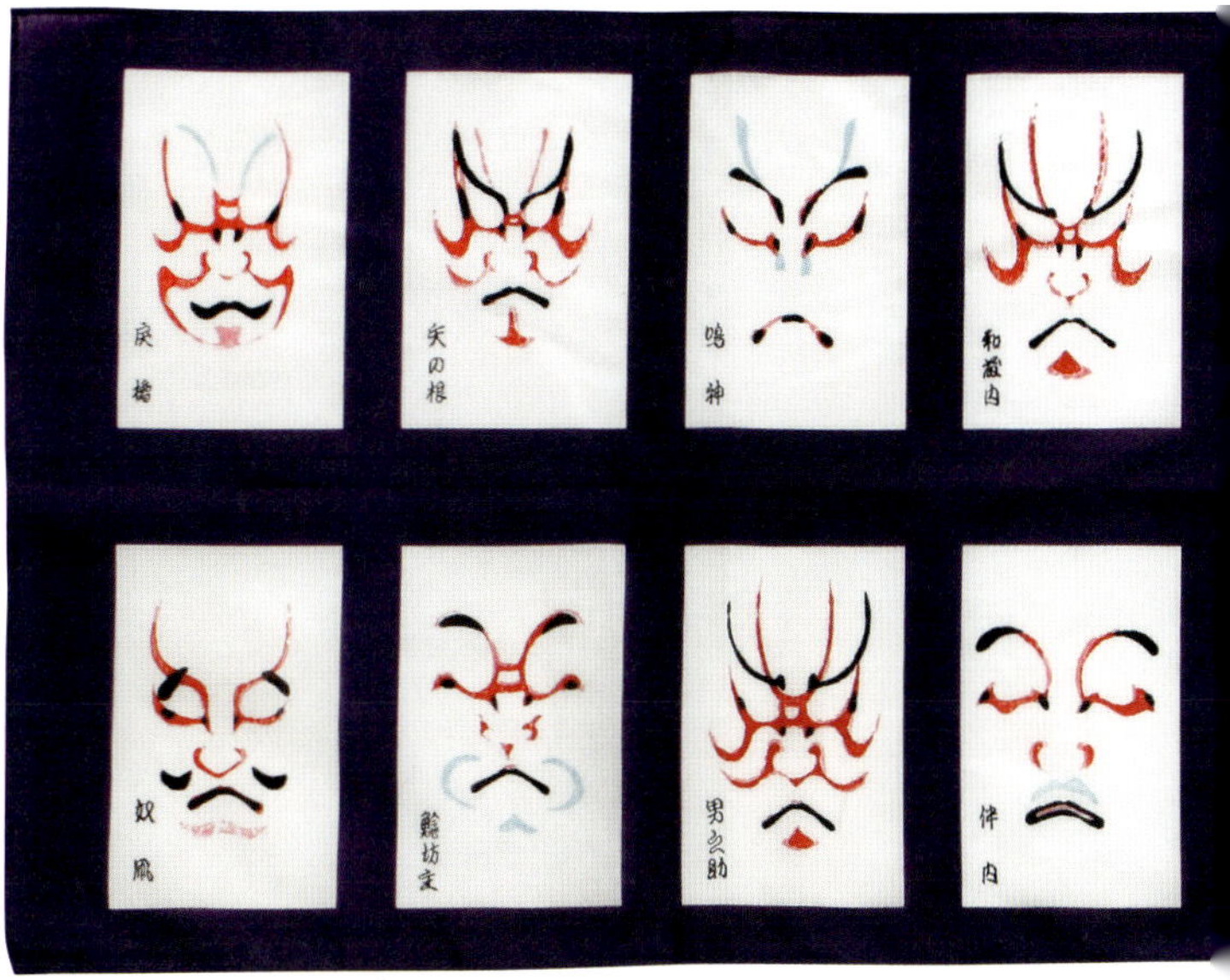

歌舞伎役者は自分の顔の大きさ、骨格などに合った方法を研究しながら、自分で化粧をします。隈取の手ぬぐいは大阪松竹座の販売品。

歌舞伎から生まれたコスメ

歌舞伎パック

幸四郎さんのアイデアから生まれた、隈取がプリントされたフェイスパック。海外へのお土産としても大人気。(一心堂本舗)

擽紅《らくべに》

幸四郎さんプロデュース、和粋伝承人・島田史子さんとコラボで復刻された和コスメ。この紅一つでアイシャドー、アイライン、頬紅、口紅に。(まゆ月)

お約束 7

客席に延びる道がある

歌舞伎にはさまざまな独特な舞台機構があり、それを活かして自由な劇空間が作られます。この一つ一つが迫力ある演出になくてはならないものです。

今では世界中で使われている廻《まわ》り舞台も、１８００年代に歌舞伎で考案されたのが始まり。アナログな舞台転換ですが、目の前で景色が変わっていくさまは感動です。

歌舞伎の舞台

下手《しもて》

舞台にむかって左側。

セリ

舞台面を四角く切った穴からポーズを決めた役者たちがせり上がってくるしくみ。

廻り舞台

舞台面に「盆」と呼ばれる円形の板を回し、一瞬で舞台セットを変えるしくみ。

上手《かみて》

舞台にむかって右側。

黒御簾《くろみす》

下手にあるすだれのかかった小部屋で、長唄、鳴物（なりもの）の演奏家がいます。

床

物語の進行に欠かせない義太夫の演奏が行われる、上手の２階部分にある小部屋。

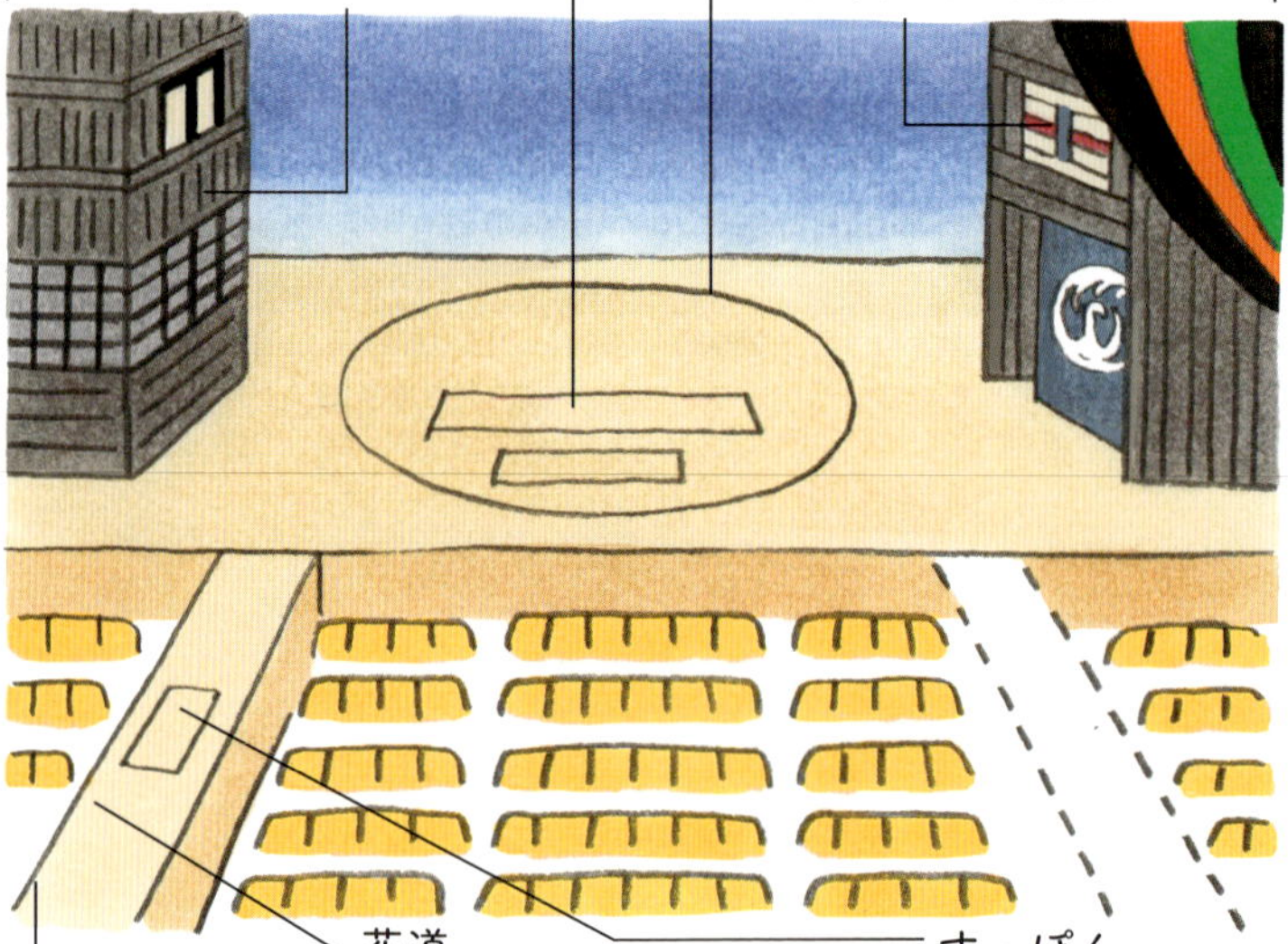

花道

舞台から揚幕まで劇場を縦に貫く道。花道で見る役者の登場、引っ込みは歌舞伎の醍醐味の一つ。御殿の廊下、海、町の通りと自在に変化して使われます。演目によっては舞台上手にも仮花道が設置され「両花道」となることも。

すっぽん

花道の揚幕から７分、舞台から３分の七三のあたりに開閉式の穴があり、下から役者が上がってきます。上がってくるのは妖怪、亡霊など怪しいキャラクターが多い。

揚幕《あげまく》

花道のつきあたりにある役者が出入りする幕。この幕を開けると「チャリン」と音がして役者が出てきます。

お約束 8

緞帳《どんちょう》ではなく引き幕

定式幕《じょうしきまく》 歌舞伎のシンボルでもある３色の幕。定式とは「いつもの」という意味。江戸時代は幕府公認の劇場である印でもありました（歌舞伎座）。

お芝居の幕は上から降りてくる緞帳が一般的ですが、歌舞伎は左右に引いて開け閉めする「引き幕」です。

歌舞伎では「幕も芝居をする」といわれ、幕を引く専門の方がいます。演目によって、開け閉めのスピード、タイミングがあり、役者がいかによく見えるか考えているそうです。

有名なのは『仮名手本忠臣蔵《かなでほんちゅうしんぐら》』の幕。大序《だいじょ》（最初の場面）では、「天王立下《てんのうだちさ》がり羽《は》」という大小の鼓《つづみ》、太鼓、笛による音楽と柝の音とともに、幕が下手から静かにゆっくりゆっくり開いていきます。かつては幕が開き切るまでに、赤穂浪士に敬意を表して、柝が四十七回打たれたそうです。幕がお芝居の冒頭でとても効果的に使われていて、自然に私たちを忠臣蔵の世界にタイムスリップさせてくれます。

お約束 9

歌舞伎の音楽はすべてライブ

「歌」という文字が頭にあるだけあって、歌舞伎に音楽は欠かせません。歌舞伎では、たくさんの演奏者がライブで唄い演奏し、さまざまな音楽や音が聞こえてきます。

歌舞伎の音楽には大きく「歌い物」と「語り物」があります。ほかに、効果音や「つけ」「柝《き》」という音もあります。

歌い物と語り物

歌舞伎の音楽は、三味線に乗せて歌う歌い物の長唄《ながうた》、三味線にのせて語る語り物の竹本《たけもと》（義太夫）、清元《きよもと》、常磐《ときわ》津《ず》に分けられます。

チラシに「長唄囃子《はやし》連中」「竹本連中」「清元連中」「常磐津連中」とあるのは、この音楽を演奏する人たちのことです。奥が深く最初はなかなか聞き分けられないのですが、演奏する場所と見台《けんだい》（譜面台）に見分けるヒントがあります。

下座音楽（黒御簾《くろみす》音楽）

舞台下手の黒御簾の奥の小部屋で、長唄と鳴物《なりもの》（鼓、太鼓、笛など）の演奏者がさまざまな音楽を担当しています。姿は見えませんが、10人以上の演奏者と数十種の楽器があるそうです。

唄や三味線のほか、シンシンと降る雪の音や、「ヒュードロドロドロ……」

長唄

お芝居や舞踊の伴奏で、明るくリズミカル。三味線は細棹。見台は桐で足が交差。演奏場所は舞台中央や上手または黒御簾の中。

常磐津

ゆったりとした曲調で、語りの声が高く、三味線の音色が艶っぽい。三味線は中棹。見台は朱塗りのタコ足または清元と同じことも。演奏場所は舞台下手が多い。

というお化けや妖怪の登場の音、時を告げる鐘なども引き受けています。

つけ

舞台上手に座り、役者の動きに合わせて2本の柝を板に打ちつけて音を出す人を「つけ打ち」と呼びます。

場面を強調して見せたいとき、役者が見得《みえ》を切るとき、六方《ろっぽう》を踏むときなどは、つけは欠かせません。

柝

ふたつの細長い拍子木を打ち、幕の開閉、芝居の始まり、幕切れ、セリが上下したり、舞台が回るきっかけなどを知らせる舞台進行の役割をします。つけ打ちと違って観客から顔が見えないところで打ちます。

柝を打つ人のことを「狂言作者」または「狂言方」と呼びます。

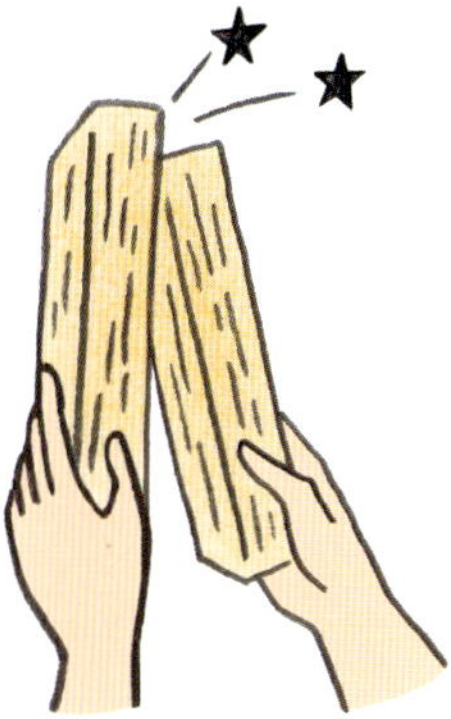

竹本（義太夫）

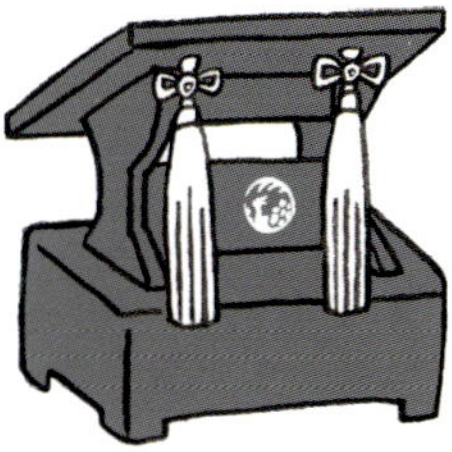

人形浄瑠璃から発生したもので、登場人物の心情や場面情景などを三味線に合わせて語ります。三味線は太棹。見台は黒塗りのフサ付き。演奏場所は舞台上手が多い。

清元

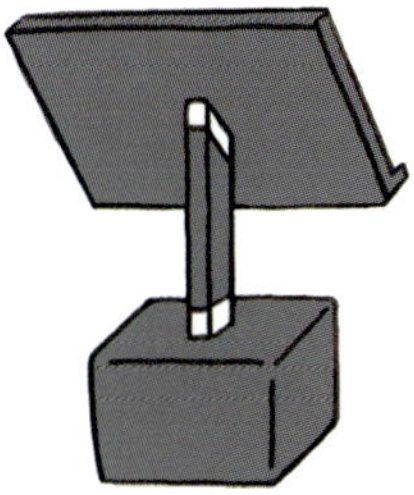

語りは派手で、高音と繊細な節回しが特徴です。三味線は中棹。見台は黒塗りの一本足。演奏場所は舞台下手が多い。

お約束10

役者はみんな屋号をもっている

歌舞伎役者には、芸名のほかに屋号があります。上演中の掛け声には、この屋号が使われます。

江戸時代には武士以外は名字が許されなかったので、商人などが屋号を用いていました。それにならって、役者も屋号を使うようになったといわれています。歌舞伎界にはたくさんの屋号があり、出身地によるものや、役者が出した店の屋号をとったものなど、さまざまな由来があります。

また、屋号によって芸風の違いが見られることもあります。そんな違いが楽しめるのも歌舞伎の面白いところ。屋号を知ると、歌舞伎の楽しさが倍増します。

歌舞伎役者の屋号一覧	
明石屋《あかしや》	大谷友右衛門《ともえもん》、大谷廣太郎《ひろたろう》、大谷廣松《ひろまつ》
伊丹屋《いたみや》	嵐橘三郎《きつさぶろう》
音羽屋《おとわや》	尾上《おのえ》菊五郎、尾上菊之助、尾上丑之助《うしのすけ》、尾上右近 尾上松緑《しょうろく》、尾上左近 尾上松也 坂東楽善《らくぜん》、坂東彦三郎、坂東亀蔵、坂東亀三郎 坂東竹三郎
澤瀉屋《おもだかや》	市川猿翁《えんおう》、市川中車《ちゅうしゃ》、市川團子《だんこ》、市川猿弥《えんや》、市川笑也、 市川笑三郎、市川寿猿《じゅえん》、市川右近 市川段四郎、市川猿之助
加賀屋《かがや》	中村魁春《かいしゅん》、中村東蔵、中村松江、中村玉太郎
紀伊国屋《きのくにや》	澤村田之助《たのすけ》、澤村由次郎《よしじろう》 澤村藤十郎 澤村宗之助
京扇屋《きょうせんや》	中村梅花
京屋《きょうや》	中村雀右衛門《じゃくえもん》
高麗屋《こうらいや》	松本白鸚《はくおう》、松本幸四郎、市川染五郎、市川高麗蔵《こまぞう》、 松本錦吾
十字屋《じゅうじや》	大谷桂三
高砂屋《たかさごや》	中村梅玉《ばいぎょく》
高島屋《たかしまや》	市川左團次《さだんじ》、市川九團次《くだんじ》

髙嶋屋《たかしまや》	市川齊入《さいにゅう》 市川右團次《うだんじ》
瀧乃屋《たきのや》	市川門之助
滝野屋《たきのや》	市川男女蔵《おめぞう》、市川男寅《おとら》
橘屋《たちばなや》	市村萬次郎、市村竹松、市村光、市村橘太郎《きつたろう》 市村家橘《かきつ》
天王寺屋《てんのうじや》	中村鷹之資《たかのすけ》
中村屋《なかむらや》	中村勘九郎、中村七之助、中村勘太郎、中村長三郎
成駒屋《なりこまや》	中村福助、中村児太郎 中村芝翫《しかん》、中村橋之助、中村福之助、中村歌之助 中村歌女之丞《かめのじょう》
成駒家《なりこまや》	中村鴈治郎《がんじろう》、中村壱太郎《かずたろう》、中村寿治郎《じゅうじろう》 中村扇雀《せんじゃく》、中村虎之介
成田屋《なりたや》	市川海老蔵
播磨屋《はりまや》	中村吉右衛門《きちえもん》、中村吉之丞 中村歌六《かろく》、中村米吉《よねきち》 中村又五郎、中村歌昇《かしょう》、中村種之助
松嶋屋《まつしまや》	片岡仁左衛門《にざえもん》、片岡孝太郎《たかたろう》、片岡千之助 片岡我當《がとう》、片岡進之介 片岡秀太郎《ひでたろう》、片岡愛之助
松島屋《まつしまや》	片岡市蔵、片岡亀蔵
三河屋《みかわや》	市川團蔵《だんぞう》
緑屋《みどりや》	片岡松之助
美吉屋《みよしや》	上村吉弥《かみむらきちや》
大和屋《やまとや》	坂東玉三郎 坂東巳之助《みのすけ》、坂東秀調《しゅうちょう》 坂東彌十郎《やじゅうろう》、坂東新悟
山崎屋《やまざきや》	河原崎権十郎
山城屋《やましろや》	坂田藤十郎
八幡屋《やわたや》	中村亀鶴《きかく》
萬屋《よろずや》	中村時蔵、中村梅枝《ばいし》、中村萬太郎 中村錦之助、中村隼人 中村獅童《しどう》

お約束 11

役者の名前が変わっていく

襲名披露公演では、役者が舞台の上から直接、お客様に襲名のご報告、口上を行います。

二代目松本白鸚、十代目松本幸四郎、八代目市川染五郎、親子三代同時襲名公演は、2018年1月歌舞伎座を皮切りに、各地の大劇場と地方公演も含めて、約2年間にわたって行われます。

歌舞伎役者には市川さんも尾上《おのえ》さんも中村さんもたくさんいて、名字で呼ぶことはありません。芸名は、先祖や親、師匠などの代々芸を受け継いでいく「名跡《みょうせき》」で、それぞれの芸風をもっています。この名跡を継ぐことを「襲名」といい、襲名披露の興行は2年ほどかけて華やかに行われます。

たとえば成田屋《なりたや》であれば、新之助→海老蔵→團十郎《だんじゅうろう》となり、高麗屋《こうらいや》であれば、松本金太郎→市川染五郎→松本幸四郎→松本白鸚《はくおう》と、まるで出世魚のように順に名跡を受け継ぎます。人生をかけて芸を磨いていく姿を、長いスパンで追いかけていけるのも歌舞伎ならではの楽しみです。

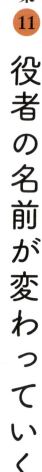

お約束 12
見えないことになっている人がいる

歌舞伎の舞台上の「黒」は、見えないものという約束になっています。「黒衣《くろご》」は全身黒ずくめ、頭にも黒い頭巾をかぶって登場します。見えないことになっていても見えているので最初は気になると思いますが、黒衣ならではの空気のような動きも職人技です。

黒衣の役割は、小道具を運ぶ、着替えを手伝う、いらなくなった道具を片づける、差《さ》し金《がね》（黒く細い棒の先端に蝶や動物などをつけて操る小道具）を操るなどで、芝居の進行になくてはならない存在です。

いつも黒かというとそうではなく、雪の場面では白装束の「雪衣《ゆきご》」、海の場面では青装束の「浪衣《なみご》」と保護色になります。また、舞踊などの演目では、裃《かみしも》に袴《はかま》、かつらをつけた姿の「後見《こうけん》」が後ろでサポートします。門弟などの役者がつとめます。

身体を小さくして俳優や大道具の影に隠れたり、気配を消しながらの黒衣の動きは独特です。

お約束13 客席から叫ぶ人がいる

芝居中に大きな声で「高麗屋！」「澤瀉屋《おもだかや》！」「待ってました！」「九代目！」「たっぷり！」など、客席から声を掛ける人のことを「大向う《おおむこう》」といいます。芝居のなかにいる役者に役名ではない屋号を叫ぶと興ざめしそうですが、この掛け声一つでぐっと芝居が盛り上がり、役者ものってくるのです。リアルと芝居が交差する歌舞伎特有の不思議な慣習です。

大向うがかかるタイミングが芝居を大きく左右するので、熟練が必要です。

お約束14 幕間《まくあい》に食べることができる

一般のお芝居と大きく違うことの一つが、劇場内で飲食できること。これは日の出から日の入りまで上演されていた江戸時代、お弁当を食べたりお酒を飲みながら観ていたことが始まりです。特に芝居茶屋に頼むと、チケットからお弁当、お酒、寿司、甘味など一切を用意してくれました。現在でも、幕間に席に座ってお弁当やスイーツを食べることができます。

劇場内では、きんつばや人形焼など一口で放りこめて、音のしない食べやすいスイーツが売られています。

本書で紹介した「幸四郎さんオススメのお店」（登場順）

銀座　銀之塔	https://gin-no-tou.com 東京都中央区銀座４丁目１３－６ ☎03-3541-6395
肉割烹　安参	京都府京都市東山区祇園町北側３４７－１１５ ☎075-541-9666
彦壱	大阪府大阪市中央区道頓堀１丁目７－１０ 大阪屋バイストリート横丁ビル 1F ☎06-6211-9101
楽	愛知県名古屋市中区錦３丁目９－２９ ☎052-951-1125
あまの	福岡県福岡市中央区西中洲９－４ ☎092-741-0733

本書で紹介した商品の問い合わせ先（音順）

麻の葉（アート蒼）	http://www.artsou.co.jp/ 東京都港区麻布十番 1-5-24　桜井ビル 1 階 ☎03-3405-0161
井澤屋	http://www.izawaya.co.jp/ 京都市東山区四条通大和大路西入る中之町 211-2 ☎075-525-0130
京たまゆら（辻梅機業店）	https://www.rakuten.co.jp/auc-tamayura/ 京都市北区大宮南山ノ前町 14 ☎075-495-3340
サリュ	http://salut.her.jp/ 京都市上京区千本丸太町下ル主税町 1172 ☎FAX 075-812-2132
junco ko-bo	https://www.instagram.com/juncokobo/
T.O.D	https://todjewelry.jimdo.com/ ☎03-3983-2080
トリエ	https://www.torie-kimono.co.jp/ 大阪市中央区島町 1-1-2 ☎06-6585-0335
にじゆら	https://nijiyura.com/ 大阪市北区中崎西 4-1-7 グリーンシティ 1 階 104（大阪中崎町本店） ☎06-7492-1436
街着屋～きもの遊び～（林屋）	https://www.rakuten.co.jp/machigiya/ 岡山県倉敷市児島下の町 10-400-24 ☎086-476-0075
まゆ月	http://www.mayuzuki.com 東京都中央区銀座 4-14-7-1302 ☎FAX 03-5565-1741

● デザイン
佐久間麻理（3Bears）

● 撮影
寺岡みゆき（p.24、25、30-39、40上、41上、42、43下、51-52、55右下・左下、56上、59、63右下・左中・左下、67除右上、72お菓子、76-86、96、117中央・下、125）

● イラスト
田村記久恵

● 協力
松竹株式会社
株式会社Koma.

● 舞台写真提供
松竹株式会社
国立劇場（p.106,108）

● special thanks
稲井田将行、浪花容子、東出りさ、富澤麻美、甚六、内川摩弥、いわっち

＊本書に掲載の情報は2019年8月現在のものです。
＊本書の作成にあたりご協力いただきました皆様に心よりお礼申し上げます。

歌舞伎はじめて案内手帖

著者　君野倫子
監修者　松本幸四郎

発行所　株式会社二見書房
東京都千代田区神田三崎町 2-18-11
電話　03（3515）2311〔営業〕／03（3515）2313〔編集〕
振替　00170-4-2639

印刷　株式会社堀内印刷所
製本　株式会社村上製本所

落丁・乱丁本はお取り替えいたします。
定価・発行日はカバーに表示してあります。
ISBN978-4-576-19141-6
https://www.futami.co.jp